La naturaleza y tú

Pamela Hickman

y la Federation of Ontario Naturalists

Ilustraciones de Judie Shore

ONIRO

Colección dirigida por Carlo Frabetti

Título original: *The Jumbo Book of Nature Science* (selección páginas: 1-5, 95-155 y 159)
Publicado en inglés por Kids Can Press Ltd., Toronto, Ontario, Canada

Traducción de Joan Carles Guix

Diseño de cubierta: Valerio Viano

Ilustración de cubierta e interiores: Judie Shore

Distribución exclusiva:
Ediciones Paidós Ibérica, S.A.
Mariano Cubí 92 – 08021 Barcelona – España
Editorial Paidós, S.A.I.C.F.
Defensa 599 – 1065 Buenos Aires – Argentina
Editorial Paidós Mexicana, S.A.
Rubén Darío 118, col. Moderna – 03510 México D.F. – México

Text copyright © 1996 by Pamela Hickman and the Federation of Ontario Naturalists
Illustrations copyright © 1996 by Judie Shore
Published by permission of Kids Can Press Ltd., Toronto, Ontario, Canada

© 2004 exclusivo de todas las ediciones en lengua española:
Ediciones Oniro, S.A.
Muntaner 261, 3.º 2.ª – 08021 Barcelona – España
(oniro@edicionesoniro.com – www.edicionesoniro.com)

ISBN: 84-9754-106-5
Depósito legal: B-419-2004

Impreso en Hurope, S.L.
Lima, 3 bis – 08030 Barcelona

Impreso en España – *Printed in Spain*

Aventuras en casa

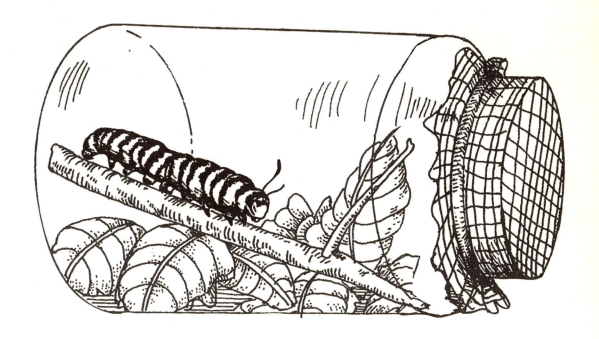

Llévate a casa un poquito de naturaleza y descubre la vida secreta de algunas plantas y animales que comparten tu entorno. Construye un terrario o un palacio para las hormigas, y observa cómo viven las criaturas diminutas. Cría una mariposa o un musgo y asiste a uno de los milagros de la naturaleza cuando las orugas se transforman en insectos adultos. Diseña un atrapainsectos doméstico, descubre por qué las moscas pueden caminar por el techo sin caerse o construye un jardín de musgo. Independientemente de la climatología exterior, las actividades relacionadas con la naturaleza para hacer en casa no tienen fin.

Terrario

La mejor forma de buscar insectos es sin duda alguna arrodillarse y ponerse a cuatro patas, sobre todo en el bosque, pero cuando llueve o hace frío, la verdad es que no apetece demasiado. Recrea un minihábitat forestal en casa confeccionando un terrario.

Material necesario
recipiente grande de cristal con un retal de tela
    a modo de tapa
guijarros o arena
trocitos de pizarra natural
rama o corteza en descomposición
desplantador (llana)
tierra del bosque, incluyendo hojas
agua
plantas y musgos recogidos en las inmediaciones
    de la rama o corteza
aro de goma

1. Coloca el recipiente de cristal en posición horizontal.
2. Pon una pequeña capa de guijarros o arena en el fondo del terrario, a modo de drenaje.

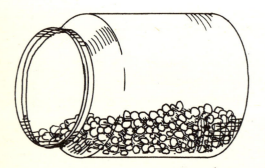

3. Esparce una fina capa de trocitos de pizarra sobre la arena para que la tierra se mantenga fresca.

4. Ve al bosque con el terrario y busca una ramita o corteza en descomposición. Recuerda que no debes cavar en los parques, áreas de conservación o reservas naturales. En cualquier caso, recoge sólo unos cuantos ejemplares para no perturbar excesivamente la zona.

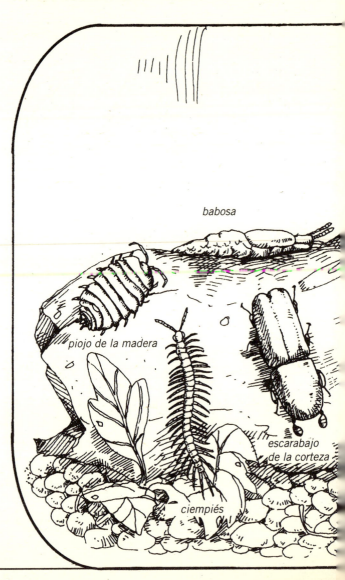

babosa

piojo de la madera

escarabajo
de la corteza

ciempiés

5. Añade tierra y hojas que hayan recogido cerca de la rama o corteza, de manera que el terrario tenga un grosor de 5-7 cm.
6. Humedece ligeramente esta mezcla y forma pequeños montículos para simular las irregularidades del terreno.

7. Rompe un trocito de rama o corteza y deposítalo en el terrario. Procura que sea lo más grande posible, pero sin que quede apretado.
8. Planta unos cuantos musgos y pequeñas plantitas que hayas recogido en las inmediaciones de la rama o corteza. Ponlas en el terrario tal y como crecen en la naturaleza. Presiona con firmeza las plantas para que queden bien sujetas y riégalas un poco. El terrario debe conservar la humedad, pero sin anegarse.
9. Tapa la boca del recipiente con un retal de tela y sujétalo con un aro de goma.
10. Una vez en casa, coloca el terrario en un lugar en el que haya luz natural, aire fresco y una temperatura de entre 18 y 24 ºC. Evita la insolación directa, el calor seco y las corrientes de aire. Coloca un par de objetos pesados o libros a cada lado del recipiente para evitar que ruede y se caiga.
11. Cuando hayas terminado de examinar a fondo el terrario, devuelve a sus moradores a su hábitat original.

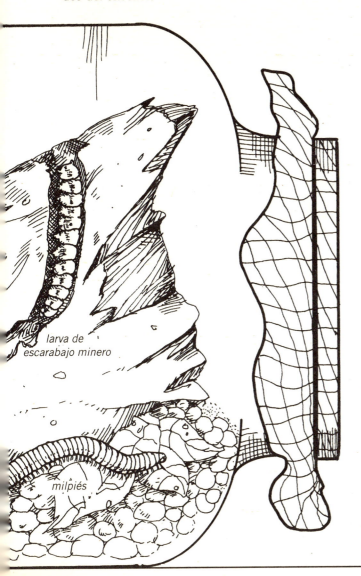

larva de escarabajo minero

milpiés

Toma nota

Ten a mano un lápiz y un bloc para anotar tus observaciones, confeccionando una lista o haciendo un esbozo de todas las criaturas que puedas distinguir. Veamos algunos de los detalles en los que podrías centrar la atención:

- *¿De qué color, tamaño, forma es cada animal, y cuántas patas tiene?*
- *¿Dónde vive cada bichito?*
- *¿Se mueven de un lado a otro o están quietos?*
- *¿Cómo se desplazan?*
- *¿Se muestran más activos de día o de noche?*
- *¿De qué se alimentan?*
- *¿Para qué utilizan las plantas y la tierra?*

Insectos domésticos

La próxima vez que llueva demasiado como para dedicarte a buscar insectos al aire libre, hazlo en casa. Los insectos son unos excursionistas incansables y podrás encontrarlos en los zapatos, botas, animales de compañía, plantas, frutas y verduras. Empieza en la buhardilla y desciende planta por planta hasta llegar al sótano. Toma nota de tus descubrimientos.

NOTA: Algunas de las criaturas que se ilustran en esta casa no son auténticos insectos. Consulta el recuadro de la página 64 para más información.

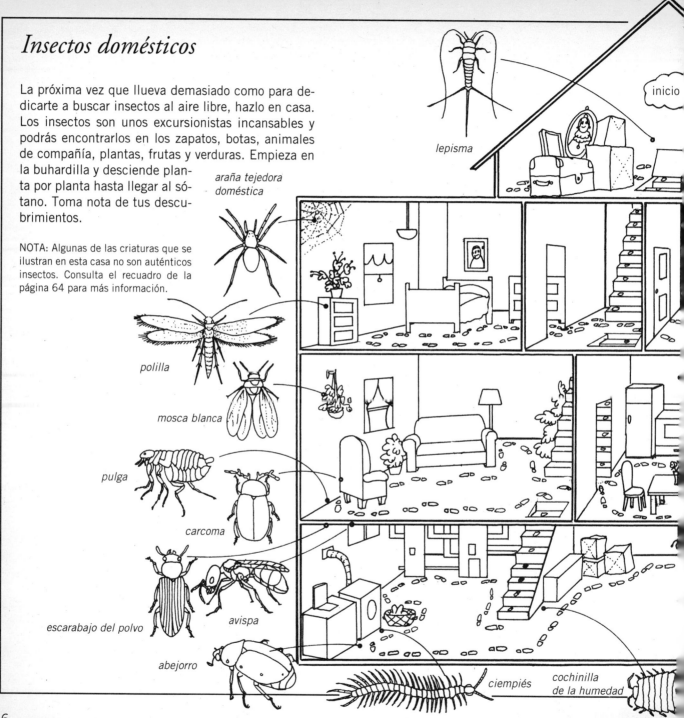

lepisma

inicio

araña tejedora doméstica

polilla

mosca blanca

pulga

carcoma

escarabajo del polvo

avispa

abejorro

ciempiés

cochinilla de la humedad

6

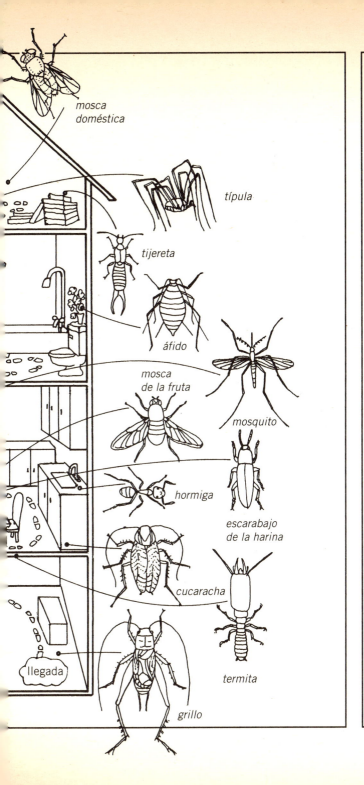

mosca
doméstica

típula

tijereta

áfido

mosca
de la fruta

mosquito

hormiga

escarabajo
de la harina

cucaracha

llegada

termita

grillo

¿Estás harto de tanto bichito?

¿Crees haberlo probado todo sin conseguir el menor resultado? Utiliza alguno de los métodos siguientes para mantener a raya a los insectos.

- Cuelga ramitas de menta en el umbral de las puertas para repeler a las moscas.
- Captura unas cuantas mariquitas y ponlas en las plantas de interior para controlar los áfidos.
- Cultiva hierba lombriguera en el alféizar de la ventana de la cocina; las hormigas no entrarán en casa.
- Fomenta la presencia de sapos en el jardín. Un sapo es capaz de comer hasta diez mil insectos en sólo tres meses. En realidad, antes de que se inventaran los insecticidas, algunas personas los utilizaban para combatir las plagas.

- Cultiva plantas repelentes de insectos, tales como caléndulas, crisantemos, berros, cosmos, coreopsis y coriandro.
- Atrae a tu jardín a pájaros insectívoros confeccionando pajareras y «bañeras» para aves, y plantando arbustos y árboles donde refugiarse.

Moscas

«Bzz, bzz, clac, bzz, bzz». ¿Adivinas de qué se trata? En efecto, es el sonido familiar de una frustradísima mosca doméstica atrapada entre el cristal de la ventana y la cortina. Cuando llega el buen tiempo, las moscas domésticas que han pasado el invierno agazapadas en la pared o en la buhardilla intentan escapar. La mayoría de la gente se siente aliviada al verlas marchar. Pero antes de despedirte de ellas, fíjate en algunas de sus características.

Patas

¿Te has preguntado alguna vez cómo pueden caminar por el techo, boca abajo, sin caerse? Cada una de sus seis patas dispone de un par de diminutas garras que les ayudan a sujetarse a las superficies rugosas. Pero ¿cómo se las ingenian para caminar por el cristal? Debajo de cada garra hay dos pequeñas almohadillas cubiertas de vello que liberan una sustancia parecida al pegamento. Esto les permite aferrarse al cristal o al techo sin miedo a caerse.

Vuelo

Las moscas son grandes voladoras. Baten las alas once mil veces por minuto y pueden volar a una velocidad media de 8 km/h. Ese rápido batido de las alas es precisamente lo que produce el clásico zumbido que oyes cuando vuelan. A diferencia de las mariposas, las moscas sólo tienen un par de alas. En el tórax disponen de pequeñas varillas, llamadas halteras, que actúan a modo de estabilizadores durante el vuelo.

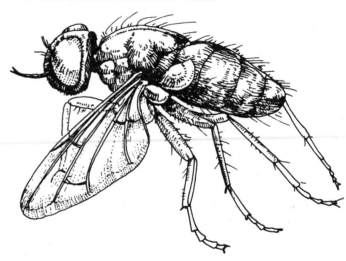

¿Te has fijado en alguna ocasión en las pequeñas líneas negras que recorren las alas de una mosca? Son venas. Al igual que tus venas transportan la sangre hasta las distintas partes del cuerpo, las de la mosca la transportan hasta sus alas, aunque también sirven para otras cosas. Cuando el adulto emerge de la fase de pupa, el aire bombeado a través de las venas le ayuda a abrir las alas previamente dobladas. Asimismo, las venas fortalecen las alas y proporcionan soporte, al igual que los dos travesaños de una cometa evitan que se arrugue.

Ojos

Si sostienes un colador frente a tus ojos y miras a través del mismo, verás innumerables agujeritos dirigidos en distintas direcciones. Pues bien, así es precisamente cómo son los ojos compuestos de las moscas y de otros insectos. En lugar de tener sólo una lente en cada ojo, como tú, tienen cuatro mil minilentes situadas en facetas hexagonales independientes, cada una de las cuales es como un agujerito del colador, apuntando en un ángulo ligeramente diferente y viendo una pequeña parte del

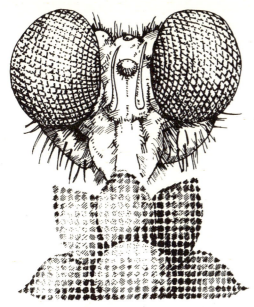

panorama general. Cuando todas estas minúsculas partes actúan en conjunto, el insecto ve una imagen similar a un mosaico. A mayor número de facetas, más nítida es la imagen. Aunque la visión de la mosca, con tan sofisticado mecanismo, pueda parecerte extraordinaria, lo cierto es que su calidad no alcanza ni con mucho a la tuya. En efecto, los insectos no pueden enfocar sus ojos, y aunque detectan muy bien el movimiento, las imágenes son muy borrosas más allá de 1 m de distancia. Por otro lado, al carecer de párpados, deben permanecer con los ojos abiertos día y noche, incluso cuando duermen.

«A un panal de rica miel dos mil moscas acudieron...»
¡Las moscas «catan» el alimento con las patas! ¿Te imaginas paseando por una pizza con los pies desnudos? Estos insectos son capaces de distinguir la comida apetitosa de la que no lo es caminando sobre ella. Pero dado que su boca sólo está diseñada para absorber líquidos, en realidad no pueden comer nada sólido. Primero escupen saliva para licuar el alimento sólido y luego lo absorben como una esponja.

Curiosidades

□ *La expresión «crían como moscas» procede de su asombrosa capacidad para multiplicarse. Cada hembra produce alrededor de mil huevos en sólo unas cuantas semanas.*

□ *Limpia a conciencia la mesa del comedor y a ser posible toda la casa. Una mosca puede llevar millones de gérmenes tanto dentro como fuera de su cuerpo.*

Cría de una mariposa monarca

Cuando naciste eras como una pequeñísima versión de la persona que eres en la actualidad, pero la mayoría de los insectos tienen un aspecto completamente diferente de su forma adulta. Las mariposas monarca, por ejemplo, pasan por cuatro fases distintas durante la metamorfosis, o período de «crecimiento», a saber: huevo, larva, pupa y adulto. Si quieres, puedes criar tu propia monarca y ser testigo de todo el proceso, desde el huevo o la oruga hasta la forma adulta, en poco más de un mes. Las mariposas monarca son fáciles de criar y muy hermosas.

Material necesario
huevos u orugas de mariposa monarca (dos o tres)
algodoncillo (planta) fresco a diario
pequeño recipiente de agua
recipiente de cristal de gran tamaño (un litro
    o mayor)
ramita larga
retal de tela
aro do goma

1. Recoge un tallo o algunas hojas de algodoncillo con huevos u orugas de monarca. Llévatelo a casa y coloca el tallo de algodoncillo en un recipiente de agua fresca. También puedes añadir algunas hojas y guardarlas en agua en el frigorífico durante dos o tres días. De este modo te ahorrarás el desplazamiento diario en busca de la planta para alimentar a la oruga.

2. Introduce una ramita en el recipiente de cristal para que las orugas puedan arrastrarse sobre ella, cubriendo la boca del mismo con un retal de tela y sujetándolo con un aro de goma. Provee a las orugas de hojitas frescas cada día.

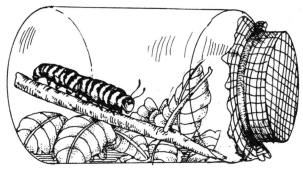

3. Toma nota y/o fotografías de las diferentes fases de la vida de la mariposa. Esto te ayudará a recordar la experiencia y te permitirá compartirla con los demás.
4. Cuando haya emergido la mariposa, obsérvala y suéltala para que pueda vivir en libertad. Deberías hacerlo allí donde encontraste los huevos o las orugas.

Cómo encontrar huevos y orugas de monarca

El mejor momento para buscar huevos u orugas de mariposa monarca es en junio o a principios de julio, en campos abiertos o cunetas en las que crezca el algodoncillo. Sus grandes flores rosadas huelen de maravilla y son fáciles de identificar. Busca debajo de las hojas; los huevos son muy pequeñitos y tienen forma de bollito. También puedes buscar orugas; son a rayas amarillas, blancas y negras, y trepan por los tallos o las hojas. Cuanto más grande sea la oruga, antes entrará en la fase de crisálida.

Lo que debes observar:

Primera semana

Los huevos de la mariposa monarca eclosionan en cuatro o cinco días, produciendo una diminuta oruga a rayas amarillas, blancas y negras. Están en la fase de larva y se alimentan constantemente, lo cual les permite crecer muy deprisa.

Segunda semana

¡A las dos semanas la oruga ha multiplicado por 2.700 su tamaño original! ¿Imaginas lo que te supondría crecer tanto? ¡Cuidado con el gigante!

Tercera semana

La oruga teje una almohadilla de seda en una hoja o rama, acurrucándose en ella y colgando boca abajo. La piel rayada de la larva cambiará gradualmente hasta el verde esmeralda de la pupa, llamada crisálida. Se está formando el insecto adulto.

Cuarta semana

A los nueve o diez días, la tonalidad verde palidece, dejando a la vista el «estuche» pupal. A través de esta «ventana» podrás observar las alas anaranjadas y negras de la mariposa adulta, que casi está lista para emerger del capullo.

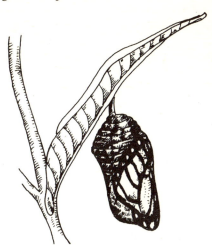

Quinta semana

Dos semanas más tarde de la formación de la crisálida, la mariposa adulta asoma la cabeza.

Tesoros enterrados

¿Te has preguntado alguna vez adónde van las mariposas de la luz en otoño o de dónde vienen en verano? Al igual que otros muchos animales, las mariposas de la luz hibernan, pero no en cuevas, como los murciélagos, sino que pasan el invierno en el interior de capullos. Las mariposas de la luz tienen un ciclo similar al de las mariposas ordinarias, pasando por cuatro fases diferentes

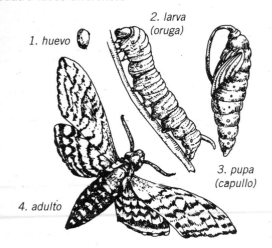

1. huevo
2. larva (oruga)
3. pupa (capullo)
4. adulto

En verano los adultos ponen sus huevos, que se transforman en orugas a las pocas semanas. Las orugas pasan el verano comiendo y comiendo, y en otoño, muchas de ellas se entierran y se transforman en pupas. La tierra las mantiene cálidas durante la estación fría y les protege de los pájaros y ratones hambrientos. Por último, en primavera se transforman en insectos adultos.

Con unos cuantos materiales pueden recoger algunas pupas a finales de invierno y observar cómo se transforman en adultos a finales de primavera. Es algo parecido a cavar en busca de un tesoro enterrado y luego esperar para descubrir las joyas que se ocultan en su interior.

Material necesario

desplantador (llana)
recipiente de plástico (de margarina o yogur) forrado de algodón o papel de periódico
tierra o vermiculita (de venta en los centros de jardinería)
agua
tijeras
tela metálica
cinta adhesiva
ramita del grosor de un lápiz y de 25 cm de longitud
molde pastelero de aluminio

1. Tras el deshielo de la tierra, busca un árbol (álamo, abedul, sauce, haya o fresno). Muchas pupas prefieren el terreno arenoso; así pues, evita las áreas arcillosas, pedregosas o fangosas. Cava a unos 15 cm y a 20-25 cm de la vertiente norte del árbol. También puedes buscarlas debajo de cualquier trozo de corteza situada cerca de la base del árbol y entre las raíces de la hierba.
2. Cuando hayas encontrado dos o tres pupas, deposítalas con cuidado en el recipiente forrado y llévatelas a casa.

3. Cúbrelas con 3 cm de tierra esterilizada o vermiculita, y coloca el recipiente en un lugar fresco (sótano, etc.). Para esterilizar la tierra, ponla en el horno, en un molde pastelero de aluminio, a 176 ºC durante veinte minutos.

4. Rocía ligeramente la tierra con agua un par de veces por semana.

5. A finales de primavera, observa los signos de movimiento de la pupa y sus cambios de aspecto (color, rasgado de la piel, etc.), que indican que los adultos están listos para emerger.

6. Ahora enrolla la tela metálica en forma de cilindro, de manera que se acople al borde interior del recipiente, revistiendo dicho borde con cinta adhesiva. Coloca la rama en posición vertical en el recipiente y cubre la boca con un molde pastelero, formando una jaula, tal y como se ilustra en la figura.

7. Examina detenidamente tus «tesoros» y asistirás a un verdadero milagro de la naturaleza. Observa cómo se rasga la piel de la pupa por el dorso del insecto, facilitando la salida del adulto.

8. Las mariposas de la luz adultas treparán por la rama y esperarán a que se sequen las alas. Dentro del capullo estaban completamente plegadas. Pero ahora se ha iniciado el bombeo de los fluidos orgánicos en las alas, lo cual les permite extenderlas para volar. Transcurrido un día, deja el insecto en libertad. Si lo deseas, puedes conservar el capullo como parte de tu colección.

Trucos del oficio

En ocasiones, los fotógrafos de la naturaleza crían sus propias mariposas de la luz y mariposas ordinarias. A menudo, en libertad, los insectos adultos tienen las alas u otras partes del cuerpo dañadas, mientras que los ejemplares «criados en casa» suelen ser perfectos para las fotos. También tiene la ventaja de no tener que buscarlas en el medio natural o esperar horas y horas para que aparezcan y poder así sacarles una foto. ¿Por qué no pruebas a fotografiar los insectos que crías en casa en la fase de pupa y adulto?

El palacio de las hormigas

Si pudieras encogerte hasta tener el tamaño de una hormiga y seguir a una de ellas hasta su casa, descubrirías un asombroso palacio bajo tierra, gobernado por una reina rodeada de miles de sirvientes (hormigas obreras). Los hormigueros disponen de innumerables estancias para los huevos, larvas y pupas, despensas para almacenar los alimentos e incluso áreas especiales donde depositar los desperdicios. Ahora tienes la oportunidad de construir un minipalacio-hormiguero en tu casa y ver con tus propios ojos lo que sucede bajo tierra.

Material necesario

gran recipiente de cristal
tierra de jardín
desplantador (llana)
retal de tela
aro de goma
cinta adhesiva
papel negro
comida para hormigas (azúcar, miel y miguitas
    de pan)

3. Tapa la boca del recipiente con un retal de tela y sujétalo con un aro de goma.
4. Pega una hoja de papel negro alrededor del recipiente hasta la altura de la tierra.
5. Para alimentar a las hormigas, esparce sobre la tierra un poco de azúcar, miel o miguitas de pan a diario.
6. Las hormigas establecerán una nueva colonia y excavarán túneles en la tierra. El papel negro las animará a cavar junto al cristal. Cada dos o tres días, retira el papel durante un corto período de tiempo y observa cómo avanza su obra de ingeniería.
7. Cuando hayas terminado de observar tan increíble palacio, devuelve a las hormigas al lugar en el que las encontraste.

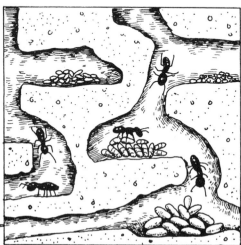

1. Llena el recipiente de cristal con tierra ligeramente apisonada, dejando 5 o 6 cm de espacio en la sección superior hasta la pared de cristal.
2. Busca una colonia de pequeñas hormigas blancas o marrones en un espacio abierto, como por ejemplo, una cuneta, jardín, base de un árbol o grieta en la acera. Recoge las hormigas con un desplantador. Intenta localizar a la de mayor tamaño –la reina– y deposítala en el recipiente junto al mayor número posible de obreras.

Historias curiosas sobre las hormigas

- ¿Has tomado un «baño» de hormigas recientemente? Con frecuencia, las aves dejan que caminen sobre su cuerpo para mantenerse limpias. En efecto, las hormigas producen una sustancia química que mata los piojos y otros insectos diminutos que se alojan entre su plumaje.

- Si trepas a los árboles, echa un vistazo a las hormigas. El doctor Edward O. Wilson descubrió...¡cuarenta y tres especies de hormigas en un árbol en la selva tropical peruana!

- ¿Has visto alguna vez a una hormiga cargando a una compañera muerta y te has preguntado qué piensa hacer con ella? Los cadáveres de las hormigas emanan un olor identificativo especial que permite a las obreras saber si la desdichada víctima era o no un miembro de su colonia. Si lo era, las afligidas hormiguitas la trasladan a la «morgue», un área especial parecida a un montículo de compost.

- Las hormigas se comunican mediante los olores y no por medio del sonido. Su organismo contiene innumerables sustancias químicas, cada una de las cuales posee su propia fragancia y significado. Así, por ejemplo, en las mandíbulas segregan una sustancia que indica alarma o que convoca al hormiguero a una guerra. Si sin querer pisas a una hormiga y le aplastas la cabeza, se libera de inmediato la sustancia química que anuncia el peligro, y todas sus compañeras reciben el mensaje de que les ha sido declarada la guerra. De repente aparece una pléyade de soldados listos para el combate.

- Las hormigas son inteligentes. En una ocasión, un investigador construyó laberintos especiales para poner a prueba su destreza. Tenían que encontrar el camino hasta un plato de comida desplazándose a través del laberinto de complejos corredores. Tras haberlo conseguido una vez, las demás se limitaban a seguir el olor del rastro que había dejado la pionera. Pero incluso eliminando el olor del rastro, eran capaces de recorrer el laberinto, demostrando que podían memorizar el camino correcto.

Recicladores de la naturaleza

Hoy en día quien más quien menos recicla, y aunque tal vez sea una idea nueva para el ser humano, en la naturaleza ha sido algo habitual desde la noche de los tiempos. En realidad, existen millones de diminutas plantas y animales que consagran toda su vida a descomponer plantas y animales muertos y a transformarlos en nutrientes reutilizables. Sin estos trabajadores ocultos, no crecerían los bosques ni las praderas. Ahora, con un simple equipo puedes descubrir algunos de estos recicladores en una pequeña muestra de tierra.

Material necesario
pala
un poco de tierra y de hojas en descomposición
   (búscalas en el bosque)
bolsa de plástico
cortaalambres
tela metálica con agujeros grandes
embudo
papel de cocina empapado
recipiente de cristal de boca ancha
una fuente de luz
pinzas
lupa

1. Usa la pala para cavar y recoger un poco de tierra y unas cuantas hojas podridas, y mételo todo en la bolsa de plástico.

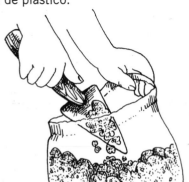

2. Una vez en casa, dispón todo el equipo. Corta la tela metálica de manera que se adapte en el interior del embudo, a unos 6 cm de la boca. Coloca el papel de cocina empapado de agua en el fondo del recipiente y ajusta el embudo en la boca del mismo. Pon una fuente de luz (bombilla, lámpara, etc.) de tal modo que ilumine directamente el embudo.

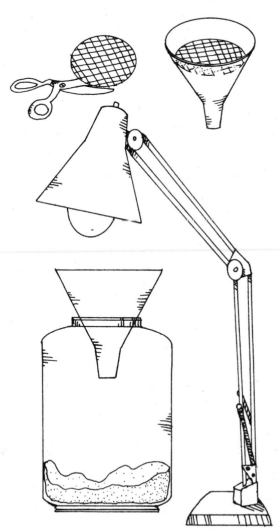

3. Echa la tierra en el embudo y enciende la luz. El resto de la estancia debe estar en penumbra.

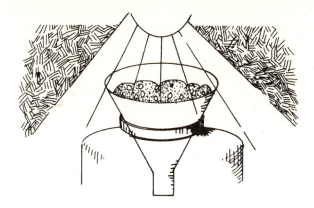

4. Déjalo durante toda la noche. Las criaturas de la muestra se enterrarán, intentando alejarse del calor y la luz de la lámpara. Por último, pasarán a través del embudo y caerán en el recipiente.
5. Coge con unas pinzas y con sumo cuidado cada bichito para observarlo más de cerca con una lupa.

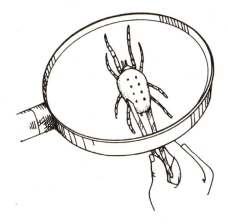

6. Cuando hayas terminado, devuelve los animales y la tierra a su hábitat.

Descubrirás...

Es probable que identifiques una amplia variedad de insectos y no insectos en la tierra. Veamos algunos ejemplos:

Insectos:

lepisma

colémbolo

larva de escarabajo de la tierra

gusano alambre

larva de escarabajo tigre

escarabajo

larva de escarabajo de mayo

tijereta

hormiga

termita

No insectos:

cochinilla de la humedad

milpiés

ciempiés

babosa

lombriz de tierra

araña

ácaro

pseudo escorpión

Particularidades de las plantas

Las primeras plantas aparecieron en la Tierra hace cientos de millones de años, y en la actualidad constituyen los seres vivos más extendidos y numerosos. Tanto si te gustan grandes o pequeñas, la naturaleza siempre tiene exactamente lo que deseas. Desde las gigantescas secuoyas de la costa oeste de América del Norte, que alcanzan más de 105 m de altura, hasta las algas microscópicas presentes en los estanques, el mundo de las plantas ofrece una interminable gama de formas y tamaños. No tienes más que contemplar las diferencias entre la hierba, los árboles, las flores de jardín, las verduras y las plantas de interior que crecen a tu alrededor.

Aunque existen plantas de múltiples tamaños y formas, todas ellas tienen las mismas partes básicas. Al igual que tu corazón y tus pulmones son órganos esenciales de tu organismo sin los cuales no podrías vivir, las plantas también tienen órganos vitales para su supervivencia. Las tres partes fundamentales que comparten la mayoría de las plantas son las raíces, el tallo y las hojas. Las raíces anclan la planta y transportan el agua y los minerales de la tierra hasta el resto de la planta. El tallo actúa a modo de autopista principal, una vía por la que transitan constantemente el agua y los minerales procedentes de las raíces y con destino a las hojas, y de éstas al resto de la planta. Asimismo, el tallo confiere un buen soporte a la planta. Por su parte, las hojas verdes son una especie de minifactoría.

Las flores se encargan de producir semillas, que a su vez generarán otras plantas en la siguiente estación. La clave del éxito de las plantas, como todo en la naturaleza, consiste en continuar reproduciéndose generación tras generación.

En busca del sol

Para mantenerte sano y crecer necesitas una alimentación nutritiva y agua. Las plantas también necesitan alimentos (minerales) y agua, además de otro elemento muy importante: la luz del sol. Esta actividad te permitirá comprobar cómo crece una planta con el fin de alcanzar la luz solar.

Material necesario
2 hojas de papel negro grueso
planta de crecimiento rápido, como una guisantera,
    plantada en una maceta
cinta adhesiva
tijeras
agua

1. Enrolla una hoja de papel formando un cilindro lo bastante grande como para ajustarse alrededor del borde de la maceta y la planta. Pega los extremos con cinta adhesiva y déjalo a un lado.
2. Cuando la planta tenga 3 o 4 cm de altura, coloca el cilindro sobre la maceta y recórtalo de manera que quede unos 3 cm más alto que ella.

3. Corta un trozo de papel negro para confeccionar una tapa y ponla sobre la abertura superior del cilindro, recortando un círculo de 2 cm de diámetro hacia uno de los bordes de la tapa, tal y como se indica en la figura inferior.

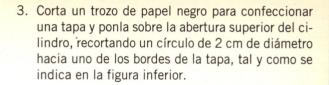

4. Coloca la planta con el cilindro delante de una ventana soleada y riégala a menudo.
5. En el interior del cilindro, la planta crecerá en la penumbra y se inclinará hacia el círculo por el que penetra la luz. Cuando empiece a asomar por el círculo, retira el cilindro y observa su forma.

Germinación de semillas

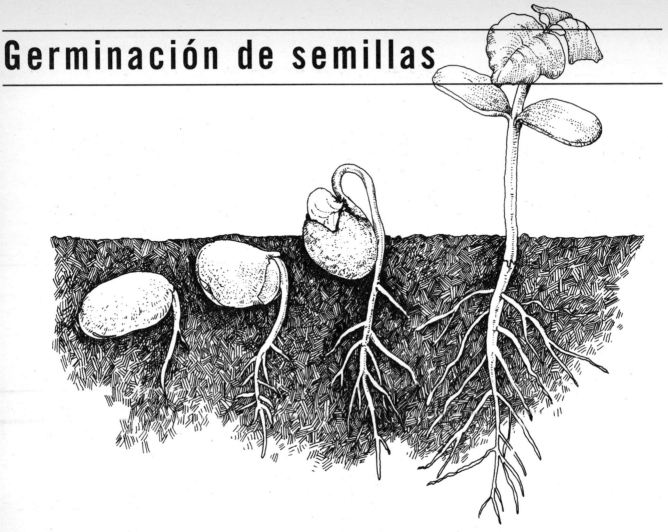

Si alguna vez has sembrado semillas, sabrás lo emocionante que resulta ver los primeros signos de crecimiento de las plantas. Primero observarás un pequeño montículo en la tierra, y luego una pequeña grieta en la superficie. El tallo que emerge de la semilla crece hacia arriba a través de la tierra en busca del aire y la luz solar. ¿Te has preguntado en alguna ocasión de dónde procede la fuerza de las semillas para mover la tierra o qué ocurre después de haberla sembrado para que se convierta en una planta?

Al igual que una esponja, la semilla se empapa de agua, y a medida que la absorbe, se hincha más y más hasta que el tejido exterior se agrieta. Dentro, las células de la raíz y el tallo empiezan a desarrollarse gracias al agua que están absorbiendo, emergen de la semilla y se impulsan hacia arriba a través de la tierra. Este proceso se denomina germinación. A medida que las células se estiran y multiplican, las distintas partes de la planta se impulsan cada vez más a través de la tierra hasta que ves aparecer su pequeño tallo.

Germinación de judías

Comprueba cómo las semillas de judía se convierten en una poderosa planta y rompen el «cascarón» al germinar.

Material necesario

recipiente de cristal transparente con un tapón de corcho (se venden en las ferreterías)
judías secas
agua
bolsa de plástico
cierre de plástico (como el del pan de molde)

1. Llena el recipiente de judías secas y añade agua hasta que queden sumergidas.
2. Ajusta el tapón de corcho en la boca del recipiente.

3. Coloca el recipiente dentro de una bolsa de plástico, ciérrala herméticamente con un cierre de plástico y pon el recipiente en la oscuridad, en el interior de un armario, durante 3 o 4 días.
4. Observa el recipiente. Poco a poco, el tapón de corcho se desajustará; las judías están creciendo en su interior.
5. Ahora fíjate en el nivel de agua. Las semillas han absorbido el agua y se están hinchando. Dentro de cada una de ellas, las células de la raíz y el tallo empiezan a estirarse, hasta que al final emergen de la semilla y empujan hacia arriba a través de la tierra

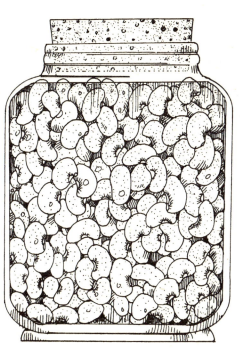

Raíces

¿Cómo puedes convertir una planta en dos, o parte de tu almuerzo en una planta? ¿Magia? No, lo único que necesitas es hacer crecer unas cuantas raíces. Prueba estos sencillos métodos de arraigamiento de plantas y podrás ampliar tu colección de plantas de interior en un santimén.

Material necesario
cúter
geranio
maceta
tierra para maceta
agua
bolsa de plástico
aro de goma

1. Corta una ramita de 15 cm de un geranio, cerca de una de las articulaciones en las que la hoja se une al tallo.

2. Arranca las dos o tres hojitas inferiores. Planta el esqueje en una maceta con tierra abonada, de manera que la mitad de la rama quede enterrada.

3. Riega la tierra y coloca una bolsa de plástico sobre la maceta y la planta para conservar la humedad en su interior. Cierra la boca de la bolsa con un aro de goma.

4. Coloca la maceta en un lugar sombrío durante dos o tres semanas. Para comprobar si se han desarrollado las raíces, tira ligerísimamente de la base del tallo. Si éste no cede con facilidad, será señal que ha echado raíces.

5. Cuando el esqueje haya arraigado, retira la bolsa de plástico y pon la maceta en la sombra hasta que la planta empiece a crecer con normalidad. Luego colócala en un sitio soleado.

Crecimiento de un aguacate

Si alguna vez has comido un aguacate para almorzar o cenar, en lugar de tirar a la basura el voluminoso hueso interior, guárdalo para hacer crecer otra planta de la misma especie. También puedes hacerlo con la planta de la zanahoria, cortándola y conservando unos pocos centímetros de su extremo superior sin pelar. Asimismo, si hay en casa alguna patata que ha germinado en forma de pequeños «ojitos» blancos, utilízala para hacer crecer una planta de la patata dentro de casa.

Material necesario
hueso de aguacate, sección superior de zanahoria
    o de patata germinada
vaso
agua
mondadientes
macetas
tierra abonada

1. Cualquiera de las plantas anteriores puede arraigar de la misma forma. Llena el vaso de agua.
2. Clava unos cuantos mondadientes en el hueso de aguacate y apóyalos en el borde del vaso tal y como se muestra en la ilustración. La base del hueso debe quedar sumergida.

3. Coloca el vaso en el alféizar de una ventana, llenando de nuevo el vaso tantas veces como sea necesario con el fin de que la parte inferior del hueso esté siempre sumergida.
4. Transcurridas algunas semanas, el hueso se agrietará, emergiendo una raíz en la base, y poco después un tallo. Cuando la planta desarrolle sus primeras hojas, retira los mondadientes y trasplántala con cuidado a una maceta con tierra abonada, procurando no dañar las raíces. Coloca la maceta cerca de una ventana soleada.

El crecimiento y la gravedad

Si plantas una semilla o un bulbo del revés en la tierra, ¿crecerán las raíces hacia arriba y el tallo hacia abajo? La respuesta es no. Independientemente de cómo lo plantes, el tallo siempre crecerá hacia arriba y las raíces hacia abajo. ¿Cómo se las ingenia la planta para saber hacia dónde debe crecer? En realidad, responde al impulso gravitatorio de la Tierra, una reacción que se conoce como geotropismo. La gravedad hace que la hormona del crecimiento de la planta (auxina) se concentre en la parte inferior de la raíz y el tallo. Aun así, las células de la raíz y del tallo reaccionan de una forma diferente ante la auxina. En el tallo, la hormona estimula el crecimiento y hace que su sección inferior se desarrolle más deprisa, impulsándolo hacia arriba, mientras que en la raíz se produce el efecto opuesto: la auxina inhibe el crecimiento en la parte inferior, estimulando un crecimiento más rápido de la sección superior y enviando las raíces hacia abajo.

¿Qué ocurriría si un astronauta se llevara una planta al espacio, donde no existe la gravedad? Algunos experimentos han demostrado que cuando la gravedad no incide en el crecimiento de la planta, tanto las raíces como el tallo se desarrollan en todas direcciones.

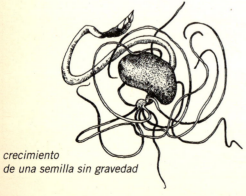

crecimiento
de una semilla sin gravedad

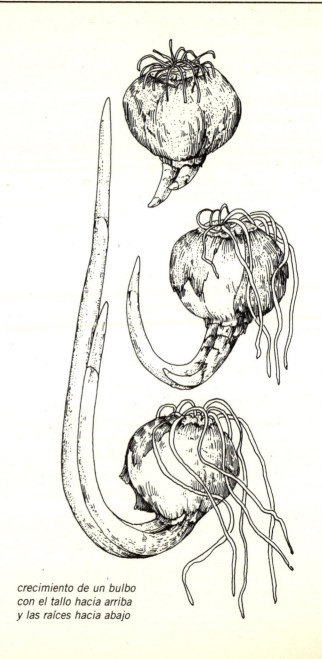

crecimiento de un bulbo
con el tallo hacia arriba
y las raíces hacia abajo

Geotropismo vegetal

Ahora puedes observar los efectos del geotropismo plantando unas cuantas semillas de rábano.

Material necesario
10 semillas de rábano
agua
recipiente de cristal
toallitas de papel húmedas

1. Sumerge las semillas en agua durante algunas horas.
2. Forra el recipiente de cristal con toallitas de papel húmedas.
3. Introduce las semillas entre las toallitas y el cristal para que queden a la vista.

4. Coloca el recipiente en el interior de un armario oscuro hasta que las semillas hayan germinado y el tallo tenga una longitud aproximada de 3 cm.

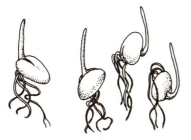

5. Elimina el exceso de agua y pon el recipiente en posición horizontal, siempre en la oscuridad para que la dirección de la luz no influya en el crecimiento del tallo.

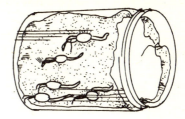

6. Transcurrido un día, observa las raíces y los tallos. ¿En qué dirección están creciendo?
7. Vuelve a poner de pie el recipiente, procurando que las toallitas de papel sigan estando húmedas. Déjalo en la oscuridad durante otras 24 horas.

8. Observa de nuevo las raíces y los tallos. ¿Siguen creciendo en la misma dirección o ya no? Como comprobarás, cualquiera que sea la posición del recipiente, las raíces siempre crecerán hacia abajo y los tallos hacia arriba. El influjo de la gravedad es evidente.

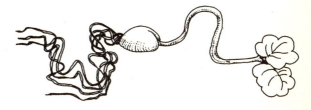

Musgos

Arrodíllate en el suelo, ten a mano una lupa y prepárate para penetrar en el apasionante mundo de los musgos. Como podrás comprobar, los hay en forma de palmera, de pino, de helecho e incluso de pluma. Los musgos adoptan estas formas y muchas más. En realidad, existen más de veinte mil tipos de musgos diferentes, la mayoría de los cuales crecen en la tierra (árboles, rocas, madera en descomposición, etc.), aunque también los hay en las corrientes de agua y en los estanques. Los musgos se desarrollan en todo el mundo excepto los desiertos, de manera que podrás cruzarte con ellos en el bosque o incluso en la grieta de una acera. A diferencia de la mayoría de las plantas, los musgos verdes también son capaces de sobrevivir bajo la nieve en invierno.

A primera vista podrías pensar que todos los musgos son iguales, pero esto sería como decir que todas las plantas también lo son. Si bien es cierto que los musgos comparten algunas características generales, como los tallos, las hojas sin división y la ausencia de raíces (disponen de una sección poblada de vellosidades, llamadas rizoides, que actúan a modo de raíces), las similitudes terminan ahí. Un análisis más detenido de distintas especies de musgos revela la existencia de una asombrosa gama de tamaños, formas, colores, texturas y disposición de las hojas, tallos y cápsulas de esporas. Asimismo, los musgos pueden cambiar su aspecto dependiendo de cuán húmedas o secas sean las condiciones de crecimiento.

Coge la lupa y echa un vistazo a un ejemplar de musgo seco y otro de musgo húmedo. Como comprobarás, las hojas del primero están curvadas hacia arriba, retorcidas y presentan una tonalidad grisácea o amarronada, mientras que las del segundo son planas y verdes. Ahora echa el musgo seco en un vaso de agua. ¿Qué

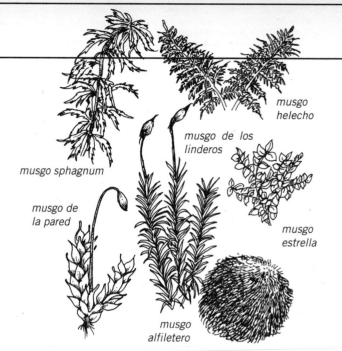

musgo helecho

musgo de los linderos

musgo sphagnum

musgo de la pared

musgo estrella

musgo alfiletero

ocurre? Las hojas y los tallos se enderezan y recuperan el color verde. Esto es precisamente lo que les sucede a los musgos en su hábitat natural cuando a una estación seca le sigue otra de lluvias. Los musgos tienen una extraordinaria capacidad de «resucitar».

Los musgos sólo necesitan un finísimo estrato de tierra para desarrollarse, formando matas más espesas en las que pueden crecer otras plantas de mayor tamaño. Asimismo, proporcionan alimento para una amplia variedad de animales, e incluso el ser humano, con los años, los ha utilizado en un sinfín de aplicaciones. Los exploradores los mezclaban con arcilla para masillar las grietas de sus cabañas de madera; los lapones rellenaban cojines con musgos; en algunos países, la turba, que está formada por innumerables capas de musgos en descomposición, se cortaba y secaba para elaborar combustible; y en los centros de jardinería también utilizan el musgo de turba para acondicionar la tierra y mantener la humedad de las plantas durante su transporte.

Cultiva un jardín de musgo

Si lo deseas, puedes crear un jardín de musgos de interior y conocer mucho mejor estas fascinantes plantas.

Material necesario
musgo
cuchillo
bolsa
periódico
recipiente grande de cristal (4 litros) con tapa
turba (de venta en los centros de jardinería)
tierra abonada
retal de tela
agua
pulverizador
piedras o pequeños ornamentos (opcional)

1. Busca unos cuantos tipos de musgos. Los encontrarás en las rocas, en la madera o creciendo en la tierra. Córtalos y llévatelos a casa en una bolsa.

2. Coloca los musgos entre capas de papel de periódico y déjalos secar durante dos o tres días en un lugar seco y cálido.
3. Elimina la tierra adherida a las plantas, dejando única y exclusivamente el musgo con sus hojas, que pronto se convertirá en la fuente de crecimiento de nuevas plantas.
4. Llena el recipiente hasta la mitad de turba y tierra abonada a partes iguales.
5. Coloca un retal de tela sobre la mezcla de tierra y distribuye los musgos secos sobre ella.

6. Cúbrelos con otro retal de tela y riégalos abundantemente con el pulverizador. Mantén siempre húmeda la tela.

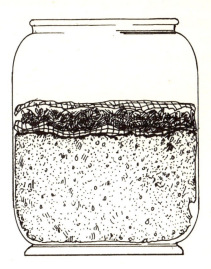

7. Pon la tapa y coloca el recipiente en un lugar cálido y a la sombra. Transcurridas 6-8 semanas, el musgo empezará a crecer.
8. Evita la insolación directa. Dado que has ajustado la tapa, el musgo debería mantenerse húmedo.
9. Añade unas cuantas piedras o pequeños ornamentos al recipiente para crear un paisaje en miniatura.

Las hojas en otoño

Si vives en una región en la que los inviernos son muy fríos, sabrás que uno de los signos que anuncian su llegada es el cambio de color de las hojas de los árboles. ¿Por qué lo hacen tan de repente? En la mayoría de los casos, las nuevas tonalidades, como el anaranjado y el amarillo, han estado presentes en las hojas durante todo el año, aunque ocultas debajo de un verde predominante: el color de la clorofila. No obstante, algunos tonos, como el rojo, no aparecen hasta el otoño, cuando el árbol se prepara para hibernar. Las temperaturas frías y la falta de agua le impedirán crecer. Uno de los rasgos característicos de la preparación de los árboles para el invierno consiste en la interrupción de la fotosíntesis. La coloración verde de las hojas se descompone, dando paso a otras tonalidades.

Y cuando iluminan el paisaje con sus colores dorados y amarillentos, llega la hora de coger el rastrillo y recoger la hojarasca que se esparce por todo el jardín. Sólo determinadas especies de árboles, los de hoja caduca, pierden totalmente su follaje. Los robles, arces, álamos y nogales son árboles de hoja caduca. En el lugar en el que vives es muy probable que la caída anual de las hojas coincida con los primeros días fríos del otoño, pero incluso en las regiones tropicales, con estaciones húmedas y secas, los árboles de hoja caduca pierden el follaje al iniciarse la estación seca.

¿Por qué pierden las hojas los árboles? Para conservar el agua. En los inviernos fríos, por ejemplo, la tierra se hiela y es muy difícil para las raíces absorber agua, de manera que el árbol tiene que ahorrarla y conservarla al máximo. Dado que las hojas consumen muchísima agua, sobre todo durante la fotosíntesis, no tienen más remedio que secarse y caer. Al aproximarse el otoño, las células situadas en la base del tallo de cada hoja mueren y forman una barrera que bloquea el flujo de alimento y agua entre la hoja y el árbol, lo cual, unido a la descomposición de la clorofila, mata la hoja. Sin clorofila, y por consiguiente sin fotosíntesis, no puede subsistir. Al final, la hoja no puede mantenerse por más tiempo sujeta a la rama y cae. El árbol permanece inactivo durante todo el invierno hasta la primavera, cuando los capullos se abren, crecen las nuevas hojas y se reinicia el proceso de la fotosíntesis.

Revelando los colores

Cada año los árboles se esfuerzan para mostrarnos las maravillosas tonalidades anaranjadas, amarillentas y amarronadas de sus hojas. Ahora puedes revelar los colores que se esconden en las hojas verdes con esta simple versión de cromatografía, que permite separar los diferentes pigmentos de la hoja.

Material necesario
unas cuantas hojas verdes
recipiente de cristal
alcohol de pulimentar
cuchara metálica
tira de papel de filtro para el café de 4 × 9 cm
cinta adhesiva
lápiz
hoja de papel

1. Trocea las hojas en pequeños pedacitos y mételas en el recipiente.
2. Cubre las hojas con alcohol de pulimentar. ¡Atención!: este líquido es tóxico; no lo pruebes y evita inhalar sus vapores. Pide a un adulto que te ayude.
3. Tritura las hojas con una cuchara y deja reposar la mezcla durante 5 minutos.

4. Introduce el extremo inferior de la tira de filtro para el café en el recipiente, de manera que quede sumergido en el líquido, sujetando el otro extremo a un lápiz, que apoyarás sobre la boca abierta del recipiente, tal y como se indica en la ilustración.

5. Observa cómo el líquido asciende por la tira de papel de filtro. Cuando llegue a la mitad, retírala y colócala sobre una hoja de papel limpia y seca.
6. Cuando la tira se haya secado, fíjate en las franjas de color. Una es verde, la que ha dejado el pigmento de la clorofila, y otra es amarilla o anaranjada, que corresponde a un pigmento llamado carotenoide. El alcohol ha separado los pigmentos de las hojas, y el papel de filtro ha absorbido tanto los pigmentos como el alcohol.
7. Intenta repetir el mismo experimento con hojas que ya hayan cambiado de tonalidad.

Procedimiento
Los pigmentos o colores de las hojas se han disuelto en la solución y luego han sido absorbidos por el papel de filtro. Dado que cada pigmento ha ascendido por el papel a una velocidad diferente, se han secado en un nivel igualmente diferente en la tira de papel, dando como resultado una serie de bandas coloreadas, cada una de las cuales representa uno de los pigmentos de las hojas.

La naturaleza en acción

Desde que te levantas por la mañana hasta que te acuestas por la noche, la naturaleza constituye una parte muy importante de tu vida. Los alimentos que comes, el papel en el que escribes, la madera del mobiliario y algunas prendas de vestir y medicinas son productos de la naturaleza. Conoce mejor la naturaleza que te rodea atrayendo algunas aves a tu jardín o «cazando» insectos. Descubre por qué pican y aguijonean ciertos insectos, así como algunos remedios para aliviar la hinchazón. Elabora tu propio jarabe de arce o hierve algunas plantas para confeccionar tintes naturales. Aunque la naturaleza pueda parecer inextinguible, seguro que en clase ya te habrán explicado que algunas especies se hallan en peligro de desaparecer. En esta sección aprenderás a contribuir a su supervivencia.

Atrapainsectos

¿Sabes qué es un recipiente de cristal con dos pajitas de refresco? ¿No lo adivinas? ¡Un extraordinario atrapainsectos!

Material necesario
martillo
clavo largo
2 pajitas de refresco flexibles
cinta adhesiva
retal de tela
recipiente de cristal pequeño, como un tarrito
   de comida infantil (con tapa)

1. Practica dos orificios en la tapa con un clavo y un martillo, de 0,5 cm de anchura y con una separación de unos 3 cm.
2. Vuelve la tapa del revés y martillea los bordes agudos que han quedado alrededor de los agujeritos.
3. Introduce las dos pajitas por los orificios y séllalos con cinta adhesiva.
4. Pega con cinta adhesiva un retal de tela en la base de una de las pajitas de refresco. De este modo evitarás succionar los insectos y que se te metan en la boca (¡ecs!).
5. Ajusta la tapa en el recipiente.
6. Para atrapar un insecto, coloca en tu boca la pajita que tiene la tela en la base y succiona con fuerza, situando el extremo abierto de la otra pajita cerca de un insecto. Éste será succionado a través de la pajita y caerá en el recipiente, donde podrás examinarlo a tus anchas antes de soltarlo de nuevo.

Gorra antiinsectos

En los días en que las moscas resultan un verdadero fastidio y no paran de molestarte, protégete la cara con este sombrero sencillísimo de confección.

Material necesario
mosquitera
gorra
aguja
hilo
tijeras

1. Corta un trozo de tela de mosquitera lo bastante ancha como para envolverla alrededor del borde de la gorra, dejando 5 cm adicionales, y de unos 35 cm de longitud.
2. Cose los extremos de la mosquitera con una costura de 3 cm para formar un cilindro.
3. Cose un extremo del cilindro al borde de la gorra. Las puntadas deben estar lo suficientemente juntas como para que no queden espacios por los que pudieran penetrar los insectos.
4. Ponte la gorra e introduce el extremo inferior de la mosquitera en el cuello de la camisa.

Mordeduras y picaduras

Cuando se trata de insectos que muerden y pican, todo es cuestión de «cara o cruz». Algunos utilizan la boca para perforar la piel, mientras que otros prefieren hacerlo con el extremo opuesto. En cualquier caso, suelen ser las hembras las que se encargan del «trabajo sucio». Veamos por qué.

Minivampiros

Si alguna vez te ha picado o mordido algún insecto succionador de sangre, ya sabrás lo molestos, y a veces peligrosos, que pueden ser estos minivampiros. Los mosquitos, por ejemplo, tienen la boca en forma de aguja y por lo tanto no muerden, sino que pican y perforan la piel. La hembra del mosquito escupe saliva en la herida para evitar que la sangre coagule, y luego llena su «depósito» con este fluido vital antes de emprender de nuevo el vuelo. ¿Por qué están «sedientas de sangre» las hembras? La sangre es esencial para la producción de huevos. Así pues, lo quieras o no, cada picadura puede engendrar centenares de mosquitos.

Entre otros chupadores de sangre voladores que deberías evitar figuran las moscas negras y las moscas tsé-tsé. Además de provocar una intensa irritación, algunos insectos mordedores también transportan enfermedades que pueden transmitir al ser humano a través de la saliva.

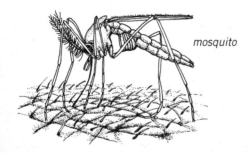

mosquito

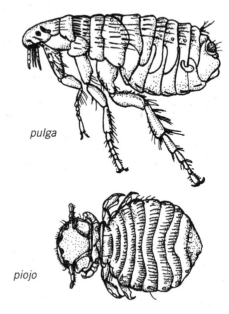

pulga

piojo

Insectos corporales

Piensa en las pulgas y los piojos, que te provocan unas ganas terribles de rascarte. Los puedes encontrar en el pelo y el plumaje de muchos animales domésticos y es prácticamente imposible atraparlos; son capaces de cubrir una longitud doscientas veces mayor que su propio cuerpo de un solo salto. Así pues, ¡te rascas y rascas hasta perder los nervios, y tu mascota también! De vez en cuando, las pulgas muerden al ser humano, aunque no permanecerán demasiado tiempo sobre la «víctima» si no les satisface su sabor.

Por su parte, los piojos resultan muy, pero que muy desagradables. Los hay de dos tipos: los corporales y los del pelo. Ambos pueden atacar a las personas, succionando la sangre y provocando un gran malestar. Se trata de unos insectos diminutos y planos que se adhieren al pelo con sus poderosas garras curvadas.

«¡Elabora tu propia cera!»

Cuando una abeja pica, está diciendo: «No te acerques» o «¡Elabora tu propia cera!». Te considera una amenaza y se defiende clavando el aguijón. En realidad, sólo pica la hembra de las abejas, avispas y algunas hormigas, ya que el aguijón es el conducto a través del cual depositan los huevos. Los machos carecen de él. Tal vez hayas oído que cuando una abeja pica, muere, aunque esto sólo es cierto en el caso de la abeja de la miel. Su aguijón presenta unas diminutas vellosidades que se clavan en la piel, y cuando el insecto intenta retirarlo, su abdomen casi siempre se abre, ocasionándole la muerte. Otras abejas y avispas tienen aguijones más finos que pueden clavar y retirar como si se tratara de una aguja, lo que les permite clavarlo muchas veces. Al picar, el insecto inyecta una sustancia tóxica procedente de unas pequeñas glándulas que se alojan en el abdomen, y es precisamente esta sustancia la que provoca irritación e hinchazón. Algunas personas son muy alérgicas a la picadura de las abejas y deben acudir al médico inmediatamente.

Cómo evitar las picaduras

Rociar la piel con un repelente de insectos es una buena forma de mantener alejados a los molestos insectos, pero también hay otras. Veamos algunas de ellas:

- *Llevar manga larga y pantalón largo, gorra y un pañuelo en el cuello.*
- *Comprar o confeccionar una gorra antiinsectos (véase p. 31).*
- *Vestirse de colores pálidos. Según parece, las prendas oscuras atraen a los mosquitos.*
- *Sentarse alrededor de una hoguera por la noche. Los mosquitos suelen evitar el humo.*

juanita
(balsamina)

Si te han mordido (o picado)...

Si te ha mordido o picado algún insecto, prueba con uno de los siguientes «remedios caseros» para aliviar el dolor o la irritación.

- *La juanita, que también se conoce como balsamina, es una excelente planta antiurticante que crece en las zonas húmedas, precisamente donde crían los mosquitos. Abre un tallo y frota la picadura con el líquido transparente que segrega la planta. El escozor desaparecerá casi de inmediato.*
- *Elabora una pasta con soda de pastelería y agua y extiéndela sobre las picaduras o mordeduras para aliviar el dolor y controlar la inflamación.*

Insectos en peligro

¿Cuántas personas viven en tu pueblo o ciudad? Si resides en una gran urbe, podría haber más de un millón, o apenas unos cuantos miles si vives en un pueblo. Ahora intenta imaginar la ingente población de insectos. Por término medio, existen 200.000 insectos por cada ser humano, pero como es lógico, como ocurre en las grandes ciudades y los pequeños pueblos, no están distribuidos por un igual. En general, hay más insectos en las regiones de climas cálidos que en las de climas fríos.

Aunque los insectos son incontables, algunas especies están en peligro de extinción, y sin la ayuda de todos, podrían desaparecer para siempre de la faz de la Tierra. Así pues, ¿qué se puede hacer al respecto? Probablemente los insectos no figuren entre tus animales favoritos, pero constituyen una parte esencial de la naturaleza y contribuyen sobremanera al desarrollo de nuestro estilo de vida. En efecto, proporcionan alimento a miles de aves, mamíferos y peces, se encargan de la polinización de las flores, frutas y verduras, y nos ofrecen productos tales como la miel y la seda. ¿Por qué algunos insectos corren el peligro de extinguirse?

Al igual que muchas especies amenazadas, el principal problema de algunos insectos es la pérdida de su hábitat, es decir, de un lugar seguro en el que criar, alimentarse y protegerse de los depredadores. Las selvas tropicales, donde viven más de la mitad de los insectos de todo el mundo, están siendo destruidas, y los humedales (marismas, pantanos, etc.), que constituyen el hogar de millones de insectos, están siendo drenados. ¡Los insectos están perdiendo sus hogares!

Para algunos de ellos, su belleza es su peor enemigo. Entre las piezas de colección más apreciadas figuran las grandes y hermosas mariposas ordinarias y mariposas de la luz. Algunos coleccionistas pagan elevadas sumas de

dinero para conseguir especies raras. Los cazadores de insectos se cuentan por millares. Por desgracia, las especies más amenazadas de extinción son las más codiciadas.

Otro problema consiste en la competencia con los nuevos vecinos. Cada país o región tiene sus propias especies autóctonas de plantas y animales, incluyendo los insectos. En su hábitat natural, viven todas juntas en un ecosistema equilibrado, pero si se introduce una nueva planta, animal o enfermedad procedente de otro país, el balance empieza a deteriorarse. Veamos un ejemplo.

Los estorninos son la especie avícola más abundante en América del Norte, pero en realidad sólo habitan allí desde finales del siglo XIX. Fue un inglés quién los introdujo en el continente porque deseaba tener todas las aves de las que podía disfrutar en su Inglaterra natal. Desafortunadamente, muchas de las especies nativas, tales como el azulejo de garganta canela, han sufrido las consecuencias. Los estorninos han echado a los azulejos de sus nidos y son, en parte, culpables del descenso de su población.

¡Salvemos a los insectos!

¿Te gustaría ayudar pero no sabes por dónde empezar? Veamos algunas cosas que podrías hacer para salvar a los insectos:

- ◻ Olvídate de los insecticidas; aprende a convivir con los insectos. Algunos de ellos, como los mosquitos, siempre serán muy molestos, pero no tienes de qué preocuparte en el caso de una mariquita o de una mantis religiosa. Déjalas en paz.
- ◻ Dedícate a la observación de los insectos en la naturaleza en lugar de coleccionarlos.
- ◻ Colabora con asociaciones ecológicas que trabajen para la protección de especies en peligro de extinción, ya sea como voluntario o donando dinero para contribuir a la investigación y protección de su hábitat. También puedes recaudar fondos haciendo cualquier cosa, desde lavar coches hasta vender palomitas de maíz. Este dinero puede marcar la diferencia. Un club de la naturaleza, el Lambton Wildlife Incorporated, en Sarnia, Ontario (Canadá), compró un terreno en el que vivía la mariposa Karner azul, amenazada de extinción, y las donaciones individuales y de grupos de conservación de la naturaleza ayudaron al club en la compra y contribuyeron a salvar la especie.

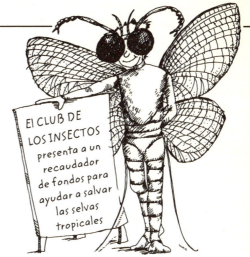

El CLUB DE LOS INSECTOS presenta a un recaudador de fondos para ayudar a salvar las selvas tropicales

- ◻ Introduce a tus amigos en el apasionante mundo de los insectos. Empieza fundando un club de insectos en la escuela y enseña a tus compañeros la importancia de proteger a los insectos.
- ◻ Entérate de lo que se está haciendo en otros países para proteger el hábitat de los insectos. Por ejemplo, las selvas pluviales son el hogar de miles de especies. Si se destruye la selva, perderemos una gran diversidad de insectos. Algunos grupos de protección del entorno, como World Wildlife Fund, están trabajando para salvar las selvas tropicales en América Central y América del Sur. Con las donaciones compran selvas enteras y las protegen.

Pigmentos vegetales

¿De qué color son las prendas de vestir que llevas puestas? Es probable que hayas nombrado varias tonalidades, todas ellas elaboradas con tintes industriales. Pero si hubieras vivido antes de que se inventara este tipo de tintes en la década de 1850, tus prendas se habrían teñido casi con toda seguridad con tintes procedentes de las plantas. Recoge algunas plantas e intenta teñir algo con ellas. Los dientes de león que se sugieren en esta sección producirán un color amarillo grisáceo, pero también puedes probar con cualquiera de las que figuran en la lista.

Material necesario
cuchillo afilado o cúter (pide a un adulto
   que te ayude)
1 kg de hojas y tallos de diente de león
2 cazos
agua
5 ml de alumbre (de venta en las droguerías)
2 ml de soda de pastelería (de venta
   en los supermercados)
camiseta blanca y limpia, retales de tela de algodón
   o cualquier material que quieras teñir
guantes de goma
colador

1. Trocea las hojas y los tallos de diente de león, y ponlos en un cazo. Cúbrelos de agua y déjalos en remojo durante toda la noche.

2. En otro cazo, mezcla el alumbre y la soda de pastelería con 4 litros de agua. Deja en remojo la camiseta durante toda la noche. La combinación de alumbre y soda se llama mordiente, una sustancia que ayuda a adherir el tinte al material para que no se corra al lavarlo. Cuando manipules el mordiente, ponte unos guantes de goma para evitar que se seque en la piel. No es necesario utilizar mordientes cuando se tiñe con líquenes.

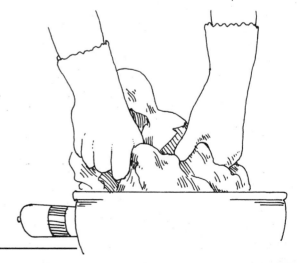

3. Al día siguiente, hierve la mezcla de planta y agua a fuego medio durante una hora. Si usas raíces o corteza, hiérvelo durante 8-12 horas. Cuela la mezcla y déjala a un lado, dejando que se enfríe el agua.

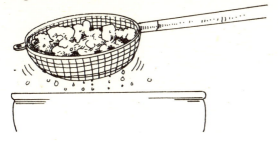

4. Ponte los guantes, retira la camiseta del mordiente y escúrrela un poco.

5. Sumerge la camiseta en el agua con tinte, añade más agua hasta cubrirla y déjalo hervir durante 10-20 minutos. Cuando más tiempo hiervas la camiseta, más intenso será el color. Ten en cuenta que, una vez seca, la prenda tendrá un tono ligeramente más pálido.

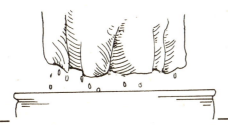

6. Enjuaga la camiseta en agua caliente y luego en agua fría hasta que el agua quede transparente. Ponla a secar dentro de casa o a la sombra si la cuelgas en el exterior.

Algunas plantas que se utilizan para teñir

Sigue las mismas instrucciones para teñir con las plantas que se relacionan a continuación:

Planta	Color que produce
1. flores de amarilla de California	amarillo
2. piel de cebolla	amarillo oscuro
3. raíces de diente de león	rojo violáceo
4. corteza de zapallo	marrón oscuro
5. pétalos de delfinia	azul
6. flores de campanilla roja	rosa
7. hojas de ambrosía	verde
8. flores de manzanilla	amarillo brillante
9. corteza de cornejo	rojo
10. raíz de cedro	añil

Savia (jarabe de arce)

Si te gusta dar buena cuenta de un montón de tortitas o bollitos recubiertos de jarabe de arce, prueba a elaborarlo. Espera hasta principios de primavera, cuando los días son cálidos y las noches aún son frías. La naturaleza ya se ha encargado de elaborar la savia dulzona en el interior de los arces. Lo único que tienes que hacer es recogerla, cocinarla y comértela.

Material necesario
berbiquí con una broca de 11 mm
arces
cuñas de madera
cubos con bolsas de plástico a modo de tapa
cuerda
cubo o recipiente grande
cazo grande
recipientes de cristal con tapa
cuchillo afilado o cúter
tacos pequeños de madera
martillo

1. Practica uno o dos agujeros en cada arce al nivel de la cintura. Si haces dos en un mismo árbol, taladra en lados opuestos de la corteza. Por término medio, un árbol produce alrededor de 55 litros de savia en tres semanas. Tendrás que recoger muchísima savia; necesitas 180 litros para elaborar 5 litros de jarabe.

2. Introduce las cuñas de madera en los orificios y cuelga los cubos. Ata una bolsa de plástico alrededor de cada cubo para que el polvo no ensucie la savia y para mantener alejados a los insectos. Usa una cuerda para atarla.

3. Vierte la savia que hayas recogido en cada cubo en un recipiente grande. Hazlo por lo menos una vez al día.

4. Vierte la savia en un cazo grande y hiérvela. A medida que se desprende el vapor, el agua de la savia se va evaporando poco a poco y la savia adquiere una consistencia más cremosa. Procura que el cazo no se seque; así pues, añade savia cuando el nivel haya descendido.

5. A medida que la savia se va espesando, pasará de ser un líquido acuoso prácticamente incoloro a un jarabe espeso y concentrado de color ámbar. Pruébalo, y cuando se satisfaga su sabor y consistencia, viértelo en recipientes de cristal y ciérralos herméticamente.

6. También puedes elaborar unos cuantos caramelos blandos de arce echando un poco de jarabe caliente en un vaso de nieve limpia. El proceso dura escasos segundos y los caramelos son dulces y sabrosos.

7. Cuando no brote más savia del árbol o ya hayas recogido la suficiente, retira las cuñas y pide a un adulto que, con la ayuda de un martillo, ajuste un taco de madera en cada orificio, a modo de «vendaje».

Colección de plumas

No hace falta que desplumes una gallina para coleccionar sus plumas. Las aves mudan como mínimo una vez al año y a menudo puedes encontrar sus plumas esparcidas por el suelo, sobre todo cerca de los nidos. Una colección de plumas te permitirá comparar las de diferentes especies y los distintos tipos de plumas de una misma ave. También puedes observar su estructura y coloración.

Material necesario

plumas
varias hojas de papel de carpeta de tres anillas
pegamento o cinta adhesiva
bolígrafo
film de plástico transparente (opcional)
carpeta de anillas

1. Recoge las plumas y disponlas atractivamente en hojas de papel. Podrías organizarlas por el tamaño, color o tipo de ave. Pégalas con pegamento o cinta adhesiva

2. Si es posible, etiqueta cada pluma, anotando la especie (si la conoces), dónde la encontraste (ciudad, pueblo, bosque, etc.) y cuándo.

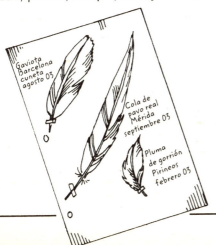

3. Si lo deseas, puedes recubrir cada hoja con film de plástico transparente, del que se usa en la cocina, para proteger las plumas. Los colores palidecen con el tiempo.

4. Guarda la colección en una carpeta de anillas.

Pajareras

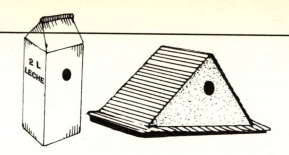

Con unos simples materiales te puedes convertir en todo un arquitecto para los pajarillos. Si construyes cualquiera de estas pajareras conseguirás atraerlos a tu jardín y podrás asistir a la asombrosa transformación de los huevos en polluelos.

Pajarera con un brik de leche

Los briks no sólo sirven para guardar leche. También los puedes convertir en una «pajarera de cartón».

Material necesario
brik de leche de cartón encerado de 2 litros
tijeras
50 cm de alambre resistente pero flexible
2 clavos
martillo
cinta adhesiva impermeable
hierba seca

1. Abre el extremo superior del brik y límpialo a conciencia con agua tibia y una brocha.
2. Recorta un círculo de 4 cm de diámetro en un lateral del recipiente, a unos 5 cm por debajo del extremo abierto.

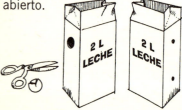

3. En el lateral opuesto practica dos orificios con un clavo. El superior debería estar situado a un tercio por debajo del extremo abierto del brik, y el segundo a unos dos tercios.

4. Ensarta el alambre a través del orificio superior, tira de él y sácalo por el inferior.

5. Coloca un poco de hierba seca en la base del brik.
6. Vuelve a sellar el extremo superior del brik con cinta adhesiva impermeable.
7. Para colgar la pajarera, elige un poste, estaca o árbol en un espacio abierto. Con un martillo, coloca un par de clavos en la corteza a unos 30 cm de distancia el uno del otro, uno arriba y otro abajo.

8. Enrolla un extremo del alambre alrededor de cada clavo de manera que la pajarera quede firmemente sujeta al árbol.

Pajarera con palitos de helado

Cuando hayas dado buena cuenta del delicioso helado en un día de calor sofocante, guarda el palito para construir una pajarera en invierno. Es muy fácil de confeccionar y con ella conseguirás atraer a los carrizos.

Material necesario
72 palitos de helado
pieza de corcho de 35 × 23 cm y 10 mm de espesor
pieza de corcho de 26 × 10 cm y 10 mm de espesor
cuchillo afilado o cúter
cola blanca
pieza de madera contrachapada de 26 × 10 cm
    y 10 mm de espesor
3-4 clavos
martillo

1. Pide a un adulto que corte el corcho con un cuchillo afilado o con un cúter. De la pieza de 35 × 23 cm corta dos triángulos, de tal modo que los tres lados midan 23 cm.
2. Practica un orificio de 2,5 cm de diámetro en el centro de uno de los dos triángulos.

3. En la pieza de corcho de 26 × 10 cm pega 26 palitos de helado, uno junto al otro, a lo largo del lado de 26 cm, de manera que se toquen. Ya tienes el suelo de la pajarera.

4. Pega el triángulo con el orificio en el suelo de la pajarera, en posición vertical, a unos 12 mm del borde delantero y de cada lado.
5. Pega el triángulo sin orificio a unos 12 mm del borde posterior.

6. Pega 23 palitos de helado, uno junto al otro, en cada lado de la pajarera, de tal modo que queden sujetos a las dos piezas de corcho: la de delante y la de detrás.
7. Cuando llegues a la arista superior, sella la ranura que separa los dos palitos que coinciden en este punto con una tira de pegamento.

8. Instala la madera contrachapada en la rama de un árbol o en un poste, cerca de los arbustos, a unos 2 m del suelo, y sujétala con un par de clavos.
9. Pega la base de la pajarera a la plataforma de contrachapado.

Comedero para pájaros

Confecciona una tabla y anota en ella las especies que viven en tu zona o que pasan volando durante la migración. Te ayudará a recordar las aves que ves y te permitirá comparar el número y los tipos de pájaros que visitan los alrededores año tras año. Los científicos también utilizan este tipo de registros para determinar el aumento y la disminución de las poblaciones de aves y si éstas se desplazan a otra región.

Un comedero es un buen lugar para estrenar tu lista. Si la comida es buena, ten la seguridad de que atraerá a muchísimos pájaros.

Material necesario
bloc o libreta
lápiz o bolígrafo
guía de campo de aves
binoculares (si los tienes)

1. Divide en columnas las hojas del bloc o carpeta, colocando los siguientes encabezamientos: Especies, Nº de ejemplares, Fecha, Hora, Climatología y Observaciones

2. Elige el mejor emplazamiento de la casa para observar el comedero y ten siempre a mano el bloc y el lápiz. Pide a todos los miembros de tu familia que cada vez que vean un pájaro lo hagan constar en la tabla.

3. Al término de la estación de alimentación de las crías confecciona una lista de las diferentes especies de aves que han visitado el comedero, y compárala con las de años pasados.

4. Puedes utilizar la misma tabla cuando salgas a campo abierto para observar a los pájaros. Llévate un bloc o unas cuantas fichas de archivo para registrar tus hallazgos.

Si quieres contar aves

En la naturaleza existen muchísimas aves para contar. Sin ir más lejos, en América del Norte, en las regiones próximas a la frontera con México, hay alrededor de 645 especies. Algunos pacientes observadores de aves, que confeccionan una lista —se llama Lista de la Vida— en la que constan todas las especies que han conseguido avistar, han descubierto quinientas o más especies. Incluso un simple aficionado puede ver alrededor de trescientas.

En algunas áreas existen líneas telefónicas especialmente dirigidas a los observadores de aves. Llama a cualquiera de ellas y te enterarás de las nuevos e inusuales pajarillos que se han dejado ver en la zona.

Una excelente forma de iniciar tu carrera de contador de aves consiste en colaborar durante un recuento local. Los grupos de naturalistas suelen fijar determinados días para realizar el conteo de las aves en un área específica. Ponte en contacto con ellos para obtener más información.

45

Alta cocina para pájaros

No hace falta que seas un gran chef para preparar algún que otro platillo delicioso para tus amigos plumíferos. Prueba con esta sencilla receta y elabora una riquísima ensalada. Encontrarás las semillas que necesitas en cualquier tienda de alimentos naturales o en un centro de jardinería.

Superensalada de semillas

Material necesario

250 mg de maíz triturado
250 mg de mijo
250 mg de pipas de girasol con la cáscara
100 mg de trigo
100 mg de cacahuetes sin cáscara
50 mg de arena blanca gruesa o grava fina
   (véase Ensalada de piedras, más abajo)

1. Mezcla los ingredientes.
2. Guárdalo en un sitio seco.

Ensalada silvestre

Si tienes previsto realizar una excursión por el campo en otoño, recoge semillas de acedera y ambrosía. Estas plantas suelen crecer en campo abierto y en las cunetas. Al llegar a casa, mezcla las semillas en una bolsa de papel y añádelas a la Superensalada de semillas. Los pajarillos acudirán en bandada.

Ensalada de piedras

La arena o la grava fina son ingredientes importantes en cualquier ensalada para aves. ¿Por qué? Pues porque les ayuda a desmenuzar el alimento. Los pájaros carecen de dientes para triturar y desmenuzar la comida y poder así digerirla. Lo que hacen es tragársela entera y triturarla en una gruesa sección recubierta de músculos que se halla en el estómago (molleja). Las piedrecillas y la arena en la molleja facilitan el troceado.

Cómo alimentar a los colibríes

Las asombrosas exhibiciones acrobáticas de los colibríes son una maravilla para el observador. Merece la pena el esfuerzo de atraerlos a tu jardín. Afortunadamente, los colibríes son libadores de néctar. En efecto, introducen su largo pico en las flores y liban el dulce néctar que se oculta en su interior. Prefieren las flores rojas, anaranjadas o violetas y en forma de tubo o de campanilla. Las ipomeas violáceas, las parchas enredaderas, los lirios, las petunias, la malvarrosa y las fucsias les resultan todas ellas extremadamente tentadoras. Por cierto, si plantas flores ricas en néctar, podrías disfrutar de la presencia de otros bellísimos insectos: las mariposas.

Una cesta de fucsias o de lirios colgada de la rama de un árbol es irresistible para los colibríes, y visitarán estos «jardines colgantes» aunque estés cerca.

Comederos naturales

En lugar de limpiar el jardín cuando las plantas se hayan marchitado, deja los tallos. Servirán de comederos naturales para los pájaros en invierno.

Sigue la comida

¿Qué ocurre con las semillas y las bayas cuando se las comen los pájaros? Ahora puedes seguir su «itinerario» de principio a fin con la numeración incluida en la siguiente ilustración de una urraca americana.

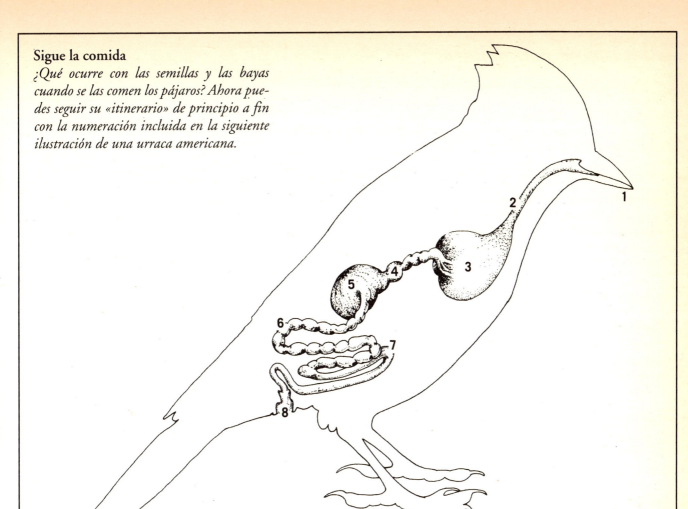

Las semillas entran por la boca del pájaro (1) y viajan a través del esófago (2) hasta el buche, un órgano que permite almacenar el alimento para digerirlo más tarde. Los buitres, por ejemplo, pueden comer tanto que el buche incluso llega a rebosar. ¡Demasiado pesados para volar! La comida almacenada se puede digerir cuando el ave está en reposo o durmiendo, o ser regurgitada para alimentar a las crías.

Desde el buche, el alimento penetra en el estómago (4) y la molleja (5), donde se tritura y desmenuza. Los residuos alimenticios no digeridos se expulsan al exterior a través del intestino delgado (6), el intestino grueso (7) y la cloaca (8). La denominación técnica del excremento de las aves es guano.

Abrevadero para colibríes

¿Cuánto bebes a lo largo del día?
Los colibríes beben a diario siete veces su peso. Si te propusieras beber siete veces tu propio peso, tendrías que tragar... ¡casi quinientos litros de agua! Dado que los colibríes están siempre tan sedientos y tan hermosos, mucha gente construye abrevaderos especiales para atraerlos. El que te proponemos en esta sección es muy fácil de hacer y su eficacia es absoluta.

Material necesario
tarrito de comida infantil limpio con tapa
martillo
clavo largo
esmalte rojo
pincel pequeño
un metro de alambre fino y flexible
125 mg (medio vaso) de azúcar blanco
600 mg (dos vasos y medio) de agua hirviendo
colorante rojo para alimentos
gancho

1. Coloca el clavo en el centro de la tapa y clávalo, dejando un orificio de 3 mm de diámetro. Luego extrae el clavo.

2. Vuelve la tapa del revés y, con un martillo, alisa los bordes agudos alrededor del agujero.

3. Pinta con esmalte una hermosa flor roja alrededor del orificio, en la parte superior de la tapa.

4. Dobla el alambre en dos secciones iguales y envuélvelo alrededor del cuello del tarrito. Luego, retuerce los extremos para que quede bien sujeto.

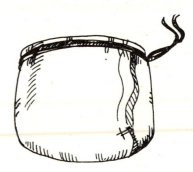

5. Disuelve el azúcar en agua para elaborar el néctar. No sustituyas el azúcar por miel. Añade unas cuantas gotas de colorante rojo para alimentos. Deja enfriar la mezcla.

6. Vierte el néctar en el tarrito y pon la tapa. Guarda el néctar sobrante en el frigorífico.
7. Retuerce el extremo opuesto del alambre y cuelga el abrevadero de un gancho o clavo en el porche, en el alféizar de la ventana o balcón. También puedes colocar un poste o estaca de madera en el jardín.

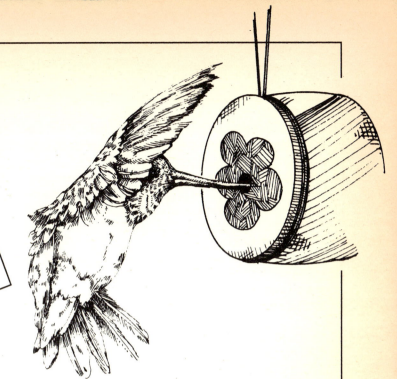

Limpia el abrevadero una vez por semana con un poco de vinagre y un estropajo. Acláralo con agua y vuelve a llenarlo de néctar.
Si acuden muchos insectos para libar el néctar, unta un poco de aceite vegetal alrededor de la abertura del abrevadero. Disuadirá a los insectos, pero no a los colibríes.

Inmóviles en el aire

¿Cuántas veces eres capaz de batir los brazos en un segundo? ¿75? Ni muchísimo menos. Pues bien, ésta es la velocidad con la que el colibrí bate sus alas en un solo segundo. Para conseguirlo, el pajarillo dispone de unos poderosos músculos pectorales que confieren potencia a las alas. Estos músculos copan un tercio del peso del colibrí.

Los colibríes son diminutos acróbatas. Pueden volar hacia abajo, hacia arriba, hacia atrás, hacia delante, de lado e incluso del revés. Al permanecer inmóviles en el aire frente a las flores o frente al abrevadero, son fáciles de ver, hasta que desaparecen en un abrir y cerrar de ojos en busca de otra reserva alimenticia. Durante el vuelo, el colibrí emite un característico zumbido con las alas. Este sonido está provocado por la vibración de las largas plumas primarias de las alas.

Los colibríes se alimentan eminentemente de néctar y algunos insectos. De ahí que los que viven en regiones frías se vean obligados a migrar en invierno, cuando la comida escasea. Aunque figuran entre los pájaros más pequeños del mundo, algunos de ellos recorren increíbles distancias. El colibrí rufus, por ejemplo, migra entre Alaska y América Central, ¡lo que supone un trayecto de 8.000 km para un pajarillo del tamaño aproximado de un dedo pulgar!

Bañera para pájaros

Con unos cuantos materiales domésticos podrás construir una extraordinaria bañera para pájaros; tus amiguitos estarán limpios y se sentirán muy felices. Incluso en invierno, los pajarillos se bañan y beben, de manera que tu bañera será un punto de encuentro durante las cuatro estaciones del año. Si el agua se hiela en invierno, sin duda vas a necesitar un calentador. PIDE A UN ADULTO QUE TE AYUDE, PUES PUEDE RESULTAR PELIGROSO. Instala un pequeño calentador de acuario en la bañera y enchúfalo a la toma de corriente con un alargo de cable eléctrico para exteriores. ¿Sabes cómo sacian su sed los pájaros cuando no encuentran agua en estado líquido? Picotean la nieve y el hielo.

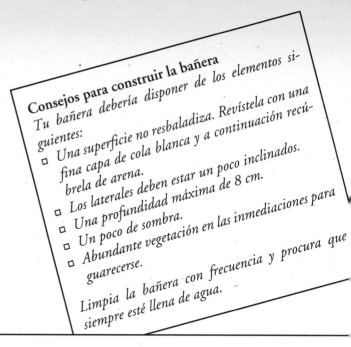

Consejos para construir la bañera

Tu bañera debería disponer de los elementos siguientes:

- Una superficie no resbaladiza. Revístela con una fina capa de cola blanca y a continuación recúbrela de arena.
- Los laterales deben estar un poco inclinados.
- Una profundidad máxima de 8 cm.
- Un poco de sombra.
- Abundante vegetación en las inmediaciones para guarecerse.

Limpia la bañera con frecuencia y procura que siempre esté llena de agua.

Bañera para pájaros colgante o enterrada

Esta bañera se presenta en dos versiones: la primera, colgante, y la segunda, a ras del suelo. Ambas resultan muy eficaces a la hora de atraer a los pájaros.

Material necesario
2 trozos de cuerda de 1 m de longitud cada uno
una maceta grande de barro para plantas o una plato grande de barro

1. Pon los dos trozos de cuerda en el suelo, formando una «X», y anúdalos donde se cruzan.
2. Coloca la maceta o el plato sobre la cuerda de tal modo que el nudo quede debajo, justo en el centro.

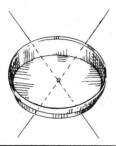

3. Con cuidado, une los cuatro extremos restantes por encima del platito y átalos con un doble nudo.
4. Cuélgalo de una rama y llénalo de agua.

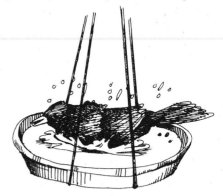

5. Para construir una bañera enterrada, excava un hoyo en la tierra e introduce el plato o la maceta, de manera que los bordes queden a ras del suelo. ATENCIÓN: Si hay gatos en el vecindario, utiliza la bañera colgante. Te evitarás disgustos.

Baño húmedo, baño seco y hormigas

A diferencia de los niños, a la mayoría de los pájaros les encanta bañarse. En las zonas silvestres, buscan estanques, riachuelos y manantiales para darse un baño y saciar su sed. Incluso los pájaros que migran hacia otras regiones pueden hacer un alto en el camino al oír el rumor de una corriente de agua. Los pájaros suelen bañarse para estar limpios y frescos cuando el calor aprieta.

Muchos de ellos toman dos tipos de baños: uno de agua para limpiarse, y otro de polvo para eliminar los parásitos, tales como los piojos y los ácaros. Algunos ornitólogos (científicos que estudian las aves) creen que los baños de polvo también contribuyen a limpiar e impermeabilizar las alas.

La forma más extraña que tienen algunos pájaros de limpiarse las alas es con hormigas. En efecto, los arrendajos, gorriones, petirrojos y otras aves canoras utilizan el pico para capturar hormigas y depositarlas en sus alas, o se colocan encima de un hormiguero y dejan que trepen y se distribuyan por todo el cuerpo. ¿Una escena de película de ciencia ficción? Pues no. En realidad, algunos especialistas están convencidos de que las hormigas segregan ciertas sustancias químicas que matan los parásitos.

Una atracción añadida

A los pájaros les gusta muchísimo el sonido de las corrientes del agua o del goteo. ¡Dales lo que tanto desean!

Material necesario
clavo
cubo de plástico
tira de tela de algodón
60 cm de cuerda

1. Practica un orificio en la base del cubo con la ayuda de un clavo
2. Introduce el retal de algodón en el orificio, de manera que quede colgando.
3. Cuelga el cubo en un árbol, con cuerda, directamente sobre la bañera para pájaros.
4. Llena el cubo de agua a diario. El retal de algodón se empapará de agua y goteará en la bañera.

Baño de polvo

En ocasiones, a los pájaros les gusta darse un baño de polvo. Es lo que podríamos llamar «limpieza en seco». Veamos cómo puedes construir una bañera de polvo.

Material necesario
caja poco profunda
5-8 cm de tierra polvorienta

1. Llena la caja de tierra.
2. Colócala en el exterior (jardín, etc.), en un lugar resguardado.
3. Rellena la caja cuando sea necesario.

Jardinería para pájaros

Aprender a ser un buen anfitrión para los pájaros tiene innumerables recompensas y puede resultar muy divertido. Si cubres sus necesidades básicas para la supervivencia, no sólo se sentirán felices, sino que también pasarán muchísimo más tiempo en tu jardín. Debes proporcionarles alimento, agua y un refugio donde puedan protegerse de los depredadores y del mal tiempo, así como también un lugar apropiado y seguro para que aniden. En este sentido, vale tanto un espacio abierto de varias hectáreas como un porche o el alféizar de una ventana.

Tamaño

Al seleccionar las plantas que debes cultivar en el jardín, ten en cuenta que cada especie prefiere las flores, arbustos y árboles de un tamaño determinado:

- A los vireos de ojos rojos, tanagras y orioles les gustan los árboles altos.
- Los cuitlacoches rojizos y los cardenales anidan en los arbustos de mediana altura.
- A los gorriones cantores y los halcones peregrinos les encantan las plantas bajas.

Además de la altura, conseguirás atraer a más especies de pájaros si conjugas los espacios abiertos con la vegetación espesa.

Jardín del *gourmet*

La comida es la principal atracción para los pájaros. Si les sirves una mezcla de diferentes alimentos, podrán elegir el que más les apetezca.

- Los petirrojos y las mainas del cedro estarán encantados con un festín de bayas.
- A los pájaros que se alimentan de piñas les atraen las coníferas (pinos, cicutas, alisos y abedules).
- Por su parte, a los arrendajos azules, a los pájaros carpinteros e incluso a las ardillas les apasionan las nueces de los robles.

Plantar árboles y arbustos es una forma excelente de proporcionarles una variedad de alimentos y un hábitat ideal, aunque se requiere una correcta planificación y muchísimo trabajo. Por lo demás, puede resultar bastante caro, y por encima de todo, lleva tiempo. Muchos árboles deben crecer durante un mínimo de cinco años para proporcionar a los pájaros comida y un refugio adecuado. Los arbustos suelen crecer mucho más deprisa; un año puede ser más que suficiente.

El poder de las flores

Pero si quieres conseguir una fuente de alimentos más rápida, más fácil y más económica, prueba con las flores. Ofrecen un arco iris de color que embellece tu jardín y proporciona néctar y semillas para satisfacer a los hambrientos pajarillos. Elige flores apropiadas para la climatología local y que se adapten perfectamente al miniclima del jardín: algunas prefieren las áreas sombreadas, mientras que a otras les gusta el sol. Este tipo de información la encontrarás en el dorso de los paquetes de semillas.

Cultivar plantas anuales, es decir, que mueren al final de la temporada de crecimiento, constituye una buena forma de atraer a los pájaros. Este tipo de plantas produce grandes cantidades de semillas. Entre las más populares figuran los girasoles, las zinnias, los cosmos y las aster.

Dónde cultivarlas

Si oyes decir a alguien «Las más altas detrás y las más bajas delante» probablemente pienses que se trata de un grupo que posa para una sesión fotográfica. Pero lo cierto es que las flores se deben plantar de la misma forma. Las variedades altas, como girasoles y las zinnias por ejemplo, tienen un mejor aspecto en la parte posterior de un parterre, al tiempo que proporcionan un fondo ideal para las más pequeñas. Por otro lado, algunas plantas altas necesitan apoyarse en una cerca o estar atadas a juncos o estacas. Asimismo, las plantas trepadoras también necesitan un apoyo. Se sentirán a gusto junto a un muro por el que puedan trepar. Cualquiera que sea el tipo de flores y el lugar en el que las plantes, procura hacerlo en grupos. Cultiva una considerable cantidad de plantas similares en el mismo sitio. Esto proporcionará a los pájaros una extraordinaria despensa alimenticia en un área muy reducida. Por último, plántalas cerca de un refugio. Recuerda que los pájaros no visitan los espacios abiertos si no disponen de un lugar seguro en sus inmediaciones.

Minijardines

Aun en el caso de que sólo dispongas de un espacio reducido o incluso de que no dispongas de un jardín o de un patio, puedes crear un minijardín con macetas o jardineras. Planta unas cuantas variedades de flores atractivas con follaje en una jardinera, coloca un plato lleno de agua debajo de la misma y un comedero para pájaros: ¡el diminuto hábitat está servido! También puedes reunir un surtido de macetas con plantas anuales de diferentes tamaños y colores en los escalones de la puerta principal o en cualquier lugar en el que dispongas de un mínimo espacio.

Técnicas disuasorias

¿Compites con los pájaros por las cerezas, fresas o melocotones de tu jardín? No es de extrañar que a algunas aves también les guste tu cosecha de fruta. ¿Cómo podrías disuadirlos? La clave está en construir unos cuantos artilugios inofensivos y de confección casera.

Espantapájaros

Este «disuasor de aves» es divertido de construir y añade un toque muy personal a tu jardín. Tradicionalmente, los espantapájaros se rellenaban de paja, pero también puedes utilizar trapos de algodón o incluso bolsas de plástico.

Material necesario

escoba
percha de madera o de plástico
cinta adhesiva resistente
funda vieja y lisa de almohada
cuerda y tijeras
rotuladores de fieltro
viejas prendas de vestir (camiseta de manga larga,
    camisa, vaqueros, gorra y guantes)
paja, trapos viejos o bolsas de plástico
    para el relleno
aros de goma

1. Ata una percha a la escoba tal y como se indica en la figura, sujetándola con cinta adhesiva.

2. Coloca una funda de almohada sobre la parte de paja de la escoba y rellena la cabeza con paja, trapos viejos o varias bolsas de plástico. Anúdala con una cuerda.

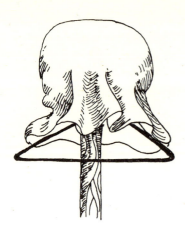

3. Dibuja una cara con rotuladores y ponle una gorra.

4. Viste al espantapájaros con ropa vieja, usando imperdibles para sujetar los pantalones a la camiseta y la camisa. Rellena la ropa y ata las aberturas.
5. Busca un buen lugar en el jardín para situar el espantapájaros y «plántalo».

6. Si quieres conseguir un efecto más eficaz, anuda varios platos de papel de aluminio en la gorra o los brazos. Por otro lado, un búho de confección casera posado en el hombro del espantapájaros también da excelentes resultados.

Platillos de aluminio

Muchos pájaros tienen miedo de los objetos brillantes que se mueven o hacen ruido. Protege tus árboles frutales colgando, con cuerda, unos cuantos platos de papel de aluminio de las ramas. Cuanto más se muevan con el viento, tanto mejor. También podrías probar con carrillones.

Operación rescate

Si encuentras un polluelo solo entre la hierba, ¿qué se supone que deberías hacer? En la mayoría de los casos, la respuesta es «Nada». Aunque pueda dar la impresión de estar abandonado, sus padres podrían estar observándolo desde un arbusto cercano, recogiendo comida o cuidando de otra cría. Los polluelos del halcón, del búho y del pájaro carpintero abandonan el nido antes de poder volar y saben cuidar de sí mismos. Se denominan aves altriciales. En realidad, sus padres continúan cuidándolos, pero no siempre son visibles. Otras aves, como los patos, gansos, chorlitos y urogallos, son capaces de ir en busca de alimentos a las pocas horas de nacer. Se trata de las aves precociales. No obstante, a pesar de su elevado grado de independencia, siguen estando indefensos y sus padres se encargan de cuidarlos. Así pues, si descubres un pájaro y sospechas que se trata de un huérfano, obsérvalo detenidamente durante algunas horas para asegurarte de que los padres no están cerca. Sólo entonces puedes ir pensando en cuidarlo.

Nidos
Los fuertes vientos pueden hacer caer a un polluelo o un nido de las ramas de un árbol. En tal caso, coloca de nuevo la cría en el nido y éste en la rama más alta a la que puedas llegar. Si el pequeñín parece tener frío, ahueca las manos a su alrededor para calentarlo, y cuando lo hayas depositado en el nido, cúbrelo con la mano para darle oscuridad. Esto le tranquilizará. Los padres no abandonan a sus crías por el mero hecho de que las hayas tocado. Sin embargo, los pájaros adultos pueden abandonar el nido si se les molesta durante su construcción o poco después de poner los huevos.

Una mano amable
Si encuentras un pajarillo huérfano, llévatelo a casa, proporciónale un refugio, dale calor y aliméntalo. Los jóvenes altriciales son como los bebés humanos; necesitan una atención constante y comen muchísimo. Lo mejor que puedes hacer es consultar a un experto en el cuidado de las aves tan pronto como sea posible. Entretanto, ten en cuenta los siguientes consejos para que tu huésped se sienta feliz y esté sano.

Un nuevo nido
Construye un nido cálido en un frutero u otro recipiente similar, y fórralo con trocitos de papel de cocina o toallitas de papel. Las mamás pájaro los mantienen calentitos acurrucándolos junto a su cuerpo. En este caso, deberás hacer las veces de su madre y proporcionarle calor. Coloca el nuevo nido sobre un cojín eléctrico o cuelga una bombilla sobre él. Los polluelos muy pequeños con pocas plumas o totalmente desplumados necesitan una temperatura aproximada de 35 °C, mientras que los que ya disponen del plumaje deberían estar a unos 27 °C.

Comida rápida

Las crías muy jovencitas deben comer cada quince minutos durante las horas de insolación; de lo contrario, morirán de hambre. Pero los pájaros algo mayorcitos, con todo su plumaje, sólo necesitan alimentarse cada hora. No des agua a los polluelos. ¿Cómo tienes que alimentar a una cría de pájaro? Prueba con las recetas del recuadro.

Si cuidas a un pájaro adulto, procura identificarlo. En una buena guía de aves encontrarás lo que suele comer. En las tiendas de animales de compañía venden lombrices para los pájaros insectívoros y mezclas de semillas para los que prefieren este tipo de alimento. Si no estás seguro de lo que deberías darle, ofrécele un poquito de todo y deja que sea él quien decida. Deja comida fuera del nido para que el adulto pueda alimentarse por sí mismo y no olvides colocar un plato de agua para que beba y se bañe.

Fórmula para recién nacidos

Esta receta es especial para bebés altriciales indefensos, tales como los búhos y los halcones.

Material necesario
25 ml de agua
25 ml de leche
2 yemas de huevo
Pablum
gotitas de vitaminas

1. Mezcla el agua, la leche y las yemas de huevo en el recipiente superior de una olla de doble cocción. Echa agua en el recipiente inferior de la olla y hiérvela durante 10 minutos a fuego medio.
2. Añade Pablum poquito a poco, hasta que la mezcla espese.
3. Añade dos o tres gotas de vitaminas y remueve.
4. Usa un cuentagotas grande para alimentar al polluelo.

Comida para bebés de pato y ganso

Dado que las crías de algunas aves, como los patos, gansos, chorlitos y urogallos, son capaces de comer por sí mismos, tu tarea se simplifica considerablemente.

Material necesario
3 yemas de huevo duro

1. Tritura las yemas y extiéndelas sobre una superficie rugosa (madera, etc.).
2. Deja que la cría coma cuanto le apetezca.

Suéltalo

Ante todo, acude a un experto en el cuidado de animales siempre que encuentres un polluelo en problemas, pero si tienes que adoptarlo temporalmente, no olvides que tu huérfano es una criatura salvaje, no una mascota. Debes devolverlo a su hábitat natural tan pronto como le hayan crecido las plumas de la cola. Por su parte, puedes soltar a los adultos cuando consideres que ya son capaces de valerse por sí mismos. En algunos países hay leyes que prohíben cuidar en casa a los animales salvajes. Incluso es posible que tengas que solicitar un permiso para hacerte cargo de la supervivencia de un pajarillo herido.

Ventanas a prueba de pájaros

¿Alguna vez te has golpeado contra un cristal sin haberlo visto? Los ventanales son ideales para contemplar el exterior, pero también pueden ser peligrosos, sobre todo para los pájaros. ¿Por qué razón podrían golpearse contra el cristal de tu ventana?

□ El reflejo de las flores y arbustos en la ventana confunde a los pájaros. Creyendo que se trata de otro jardín, el impacto está asegurado.

□ Un macho puede observar su reflejo y pensar que se trata de un rival que trata de invadir su territorio. Entonces, vuela hacia la ventana para atacarlo.

□ A veces, las ventanas están dispuestas de manera que dan la sensación de formar un pasadizo a través de la casa. En tal caso, un pájaro situado en el patio trasero puede creer en la posibilidad de llegar hasta el jardín... hasta que colisiona con el cristal.

Cómo proteger a los pájaros

Ayuda a evitar las heridas o incluso la muerte de los pájaros, especialmente durante la migración, llevando a la práctica una o todas las ideas siguientes:

1. Cuelga objetos sonoros o brillantes en las ventanas. Puedes probar con tiras de papel de aluminio o con carrillones.
2. Reduce el reflejo del cristal colocando una lámpara en el interior de la ventana para que los pájaros puedan ver a través de la misma.
3. Confecciona un halcón de cartulina y colócalo en la ventana. Los pájaros creerán que se trata de un depredador real y no se acercarán a la ventana.

Material necesario
hoja de papel blanco para calcar
pegamento
cartulina
tijeras
rotulador
30 cm de cuerda
cinta adhesiva
tachuela

1. Calca el halcón que te mostramos sobre una hoja de papel.
2. Pega el papel sobre una hoja de cartulina.
3. Recorta la cartulina resiguiendo la silueta del halcón.
4. Píntalo de negro por los dos lados.
5. Pega una cuerda en la cabeza del halcón y, con una tachuela, sujeta el extremo opuesto de la cuerda en la parte exterior del marco de la ventana. El efecto resultará más eficaz si el halcón se puede mover con el viento.

Primeros auxilios
Si encuentras un pájaro herido o aturdido tras haber impactado con el cristal de una ventana, recógelo, llévatelo a casa y deposítalo en una caja de tamaño mediano y con tapa. Tras algunas horas de descanso es muy probable que se haya recuperado. Déjalo de nuevo en libertad. Si las heridas son de gravedad, consulta **Operación rescate** *en pp. 56-57.*

Móvil de gaviotas

Sigue estas simples instrucciones y confecciona un móvil de gaviotas para colgar en tu habitación.

Material necesario
papel de calco
lápiz
pegamento
espuma de poliuretano
tijeras
rotuladores de fieltro
guía de campo de aves
cuerda: 4 trozos de 15 cm y otros 4 de 25 cm
    de longitud
plato
tachuela

1. Calca la silueta de esta gaviota en una hoja de papel de calco.
2. Pega la gaviota que has calcado en un trozo de espuma de poliuretano de escaso grosor. Ahora ya dispones de una plantilla con la que dibujar tus gaviotas.
3. Coloca la plantilla sobre un tablero de espuma de poliuretano y traza su silueta. Repite esta operación ocho veces para confeccionar otras tantas gaviotas.

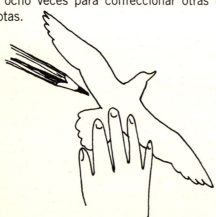

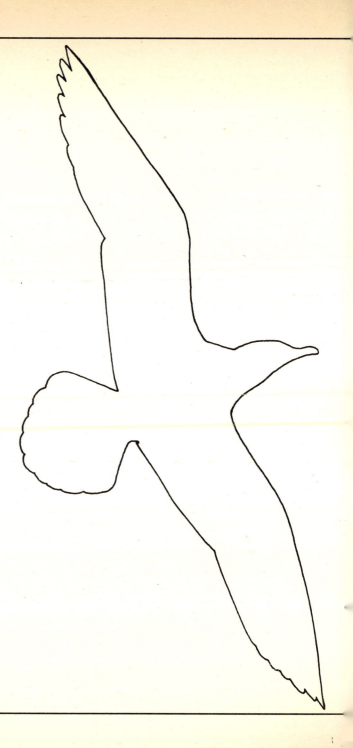

4. Recorta las gaviotas y pinta cada una de ellas de una especie, utilizando una guía de campo a modo de referencia.

5. Con la punta aguda de unas tijeras practica un pequeño orificio en el extremo de un ala, ensarta un trozo de cuerda y hazle un nudo. Ahora tienes cuatro gaviotas con cuerda larga y otras cuatro con cuerda corta.

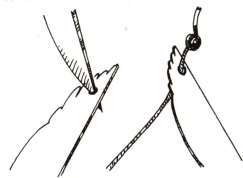

6. Para confeccionar el disco del que colgarán las gaviotas, resigue la silueta de un plato sobre un tablero de espuma de poliuretano y luego recórtala.

7. De nuevo, con la punta aguda de las tijeras, practica ocho orificios uniformemente espaciados a lo largo del perímetro del disco, y completa la tarea con otro agujero en el centro.

8. Ata el extremo libre de la cuerda de cada gaviota en uno de los orificios, alternando las cuerdas cortas y largas.

9. Sujeta el móvil en el techo insertando una tachuela en el orificio central.

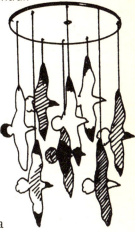

El punto rojo

Dibuja un punto rojo en la mitad inferior del pico de algunas gaviotas. Algunas de ellas, como la gaviota Herring, lo tienen. Cuando un polluelo tiene hambre, picotea en ese punto, lo cual indica al adulto la necesidad de regurgitar comida para su cría. ¡Es algo así como pulsar un botón en el frigorífico y disponer de un festín al instante!

Poncho-binocular

No hay nada más desagradable que aguantar un chaparrón mientras estás observando los pájaros. Se te empapan los pies, se te empapa el pelo, incluso los binoculares. ¡Este poncho-binocular pondrá fin a tanta humedad!

Material necesario
pieza circular de plástico grueso lo bastante grande como para cubrir los binoculares cuando cuelgan del cuello.
tijeras
binoculares con correa

1. Haz dos agujeros en el plástico de manera que coincidan con los ganchos de la correa de los binoculares.

Ganchos de sujeción de la correa

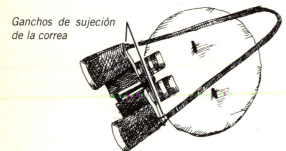

2. Pasa los dos extremos de la correa a través de los dos orificios.

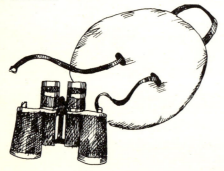

3. El poncho quedará colgando y cubrirá los binoculares cuando no los estés usando. Cuando quieras hacerlo, no tienes más que doblarlo.

Índice

La Federation of Ontario Naturalists

Desde 1931, la Federation of Ontario Naturalists (FON) se ha dedicado a proteger los parques naturales, los bosques, las marismas, la fauna y la flora, además de divulgar entre la gente de cualquier edad las maravillas de la naturaleza y cómo se puede participar en las actividades de conservación. Como reconocimiento al trabajo realizado por la FON, Environment Canada le ha otorgado recientemente el Premio Nacional de Conservación Medioambiental. La FON tiene 15.000 asociados y cuenta con el apoyo de innumerables clubes de la naturaleza canadienses. Como miembro de la Nature Canadian Federation, también colabora con otras organizaciones locales relacionadas con la naturaleza.

Nota a página 6
Todos los insectos adultos comparten estas características (los inmaduros son tan diferentes que resulta casi imposible asegurar si lo son o no; es algo que sólo se consigue con la práctica):
- Seis patas
- El cuerpo dividido en tres partes: cabeza, tórax y abdomen
- Dos antenas
- La mayoría de ellos tienen uno o dos pares de alas